Gianni Kovačević

Mein Elektriker fährt einen Porsche?

Beratung und Übersetzung

Bastian Meyenburg

Bastian Meyenburg ist Rechtsanwalt und Unternehmensberater und Experte im Bereich Asset Management.

›*Erst wer die größeren Zusammenhänge zu verstehen versucht und langfristige Entwicklungen und mögliche Trends daraus zu erkennen vermag, wird vom Glücksritter oder Spekulanten zum chancenreichen Investor.*‹

Bastian Meyenburg

www.meyenburg.com

MEIN ELEKTRIKER FÄHRT EINEN PORSCHE?

Wie Sie vom längsten Trend der
Menschheitsgeschichte profitieren

FBV

GIANNI KOVAČEVIĆ

Bibliografische Information der Deutschen Nationalbibliothek
Die Deutsche Nationalbibliothek verzeichnet diese Publikation in der Deutschen Nationalbibliografie; detaillierte bibliografische Daten sind im Internet über **http://d-nb.de** abrufbar.

Für Fragen und Anregungen:
info@finanzbuchverlag.de

1. Auflage 2015

© 2015 by FinanzBuch Verlag
ein Imprint der Münchner Verlagsgruppe GmbH
Nymphenburger Straße 86
D-80636 München
Tel.: 089 651285-0
Fax: 089 652096

Copyright © 2014 by Gianni Kovacevic. All rights reserved. Die vollständige Originalausgabe erschien 2014 unter dem Titel »My eletrician drives a Porsche?®« veröffentlicht von Kovacevic Consult Inc. »My eletrician drives a Porsche?« und »MEDAP®« sind eingetragene Marken von Kovacevic Consult Inc.

Alle Rechte, insbesondere das Recht der Vervielfältigung und Verbreitung sowie der Übersetzung, vorbehalten. Kein Teil des Werkes darf in irgendeiner Form (durch Fotokopie, Mikrofilm oder ein anderes Verfahren) ohne schriftliche Genehmigung des Verlages reproduziert oder unter Verwendung elektronischer Systeme gespeichert, verarbeitet, vervielfältigt oder verbreitet werden.

Übersetzung: Bastian Meyenburg
Redaktion: Ulricke Kroneck
Korrektorat: Annette Derner
Umschlaggestaltung: Pamela Machleidt
Bildbearbeitung: Pamela Machleidt; unter Verwendung von Shutterstock-Bildern
Satz: Daniel Förster, Belgern
Druck: CPI books GmbH, Leck
Printed in Germany

ISBN Print: 978-3-89879-921-8
ISBN E-Book (PDF): 978-3-86248-753-0
ISBN E-Book (EPUB, Mobi): 978-3-86248-754-7

Weitere Informationen zum Verlag finden Sie unter
www.finanzbuchverlag.de
Beachten Sie auch unsere weiteren Verlage unter
www.muenchner-verlagsgruppe.de

Inhalt

Über dieses Buch 7

Vorwort von Frank E. Holmes 9

1. Ein Anruf in der Praxis 11
2. Wochenendheimwerker & Aktientipps 25
3. Seifenopern aus der Finanzwelt 39
4. Die Welt hat sich geändert 57
5. Alles braucht Strom 75
6. Die Käuferschicht 91
7. Der 4-Prozent-Club 105
8. Der Vortrag 113
9. Der Kupferminen-Mogul 127
10. Flugzeuge, Züge & Rikschas 151
11. Das Erwachen 179

Über das Titelbild 184

Über den Autor 188

This book is dedicated to my heroes

NJ for believing
CG for always being there
RB for taking that chance
FH for wisdom
FCD for letting me in
You can never comprehend how much of a difference you have made

Über dieses Buch

Man hat mir mal gesagt, dass Lernen für Menschen so selbstverständlich sei, wie das Blühen für mehrjährige Blumen – es passiert einfach. Auf sehr vergleichbare Weise formt Neugier auch unser Erwachsenenleben mit all seinen Träumen und Zielen und hoffentlich führt sie uns zu einem Grad an Weisheit. Sokrates, dem man mal nachsagte, der weiseste Mensch aller Zeiten zu sein, gab zu: »Ich weiß, dass ich nichts weiß.« Ich frage mich also dann, wie könnte ich, der ich sicherlich kein Gelehrter bin, ein Buch über die Auswirkungen des Bevölkerungswachstums vorlegen.

In Steve Jobs berühmter Rede vor dem 2005er Jahrgang der Absolventen der Stanford University sagte er, dass das Leben aus einer Menge Punkten bestehe, die irgendwann anfangen sich zu verbinden. Mein Dank an Frank Giustra dafür, dass er mich darauf aufmerksam gemacht hat. Der Titel dieses Buches spricht von einem Elektriker, der einen Porsche fährt. Wie dem auch sei, die dem Buch zugrunde liegende These hat nichts mit schnellen Autos zu tun. Es soll den Lesern vielmehr dazu dienen, ein Gefühl für die demographischen Verwerfungen durch die Verstädterung rund um den Globus zu bekommen und für die Rolle, die Rohstoffe als Grundlage jeder Wirtschaft dabei spielen.

Glücklicherweise haben sich meine Punkte verbunden, wie die Herren Jobs und Giustra es angekündigt hatten. Ein Elektriker, der in den 1990er Jahren vom technologischen Fortschritt fasziniert ist und in den 2000er Jahren mit dem Wachstum der Konsumgesellschaft, wird unerwartet zum Experten eines der Kernbausteine, die das beides möglich machen, Kupfer. Die folgende Geschichte, die als Unterhaltung zwischen zwei Menschen mit unterschiedlichem Hintergrund und Alter erzählt wird, kehrt die übliche Rollenverteilung um, weil die Lebenserfahrung des jüngeren Elektrikers es ihm ermöglicht, einige einzigartige Einblicke und Erkenntnisse mit dem älteren väterlichen Freund zu teilen.

Mein Interesse, während meiner Kindheit National Geographic und in Enzyklopädien zu lesen, führte dazu, dass ich mich leidenschaftlich mit einigen der großen Denker und Wirtschaftshistoriker unserer Zeit beschäftigt hatte, wie Fareed Zakario, Niall Ferguson, Frank Holmes, Don Coxe und der Kupferminen-Mogul persönlich, Robert Friedland. Ihr Einfluss wird durch das ganze Buch offensichtlich.

Im Leben wird es immer wieder Rückschläge geben. Ich hatte das große Glück, viele großartige Menschen um mich zu haben, die sich für meine verrückten Ideen eingesetzt haben. Deswegen respektiere und verehre ich jeden, der mir eine Chance gab, egal wo und zu welchem Zeitpunkt. Die folgenden wundervollen Gedanken meiner Pazifik Nordwest Nachbarn beschreiben genau, wie ich, wenn auch sicherlich vergeblich versuchen will, mich bei jedem von ihnen zu revanchieren.

Wenn Du erfolgreich bist, dann deshalb, weil irgendwo, irgendwann, irgendjemand Dir ein Leben oder eine Idee gegeben hat, die Dich in die richtige Richtung geleitet hat. Erinnere Dich auch daran, dass Du es dem Leben schuldest, jemandem zu helfen, der nicht so viel Glück hatte wie Du, so wie Dir geholfen wurde.

Melinda Gates

Vorwort von Frank E. Holmes

Nur wenige Menschen verstehen, dass ihr Leben von Kupfer und anderen Rohstoffen abhängt. Vom Moment des morgendlichen Erwachens in klimatisierten Häusern, bis man beim Zubettgehen den Wecker am Handy stellt, verbraucht man Rohstoffe, die das Leben, so wie wir es kennen erst möglich machen. Das Dach über unserem Kopf, unsere Autos, Computer, Rohre und Kabel, Heizung und Kühlung und Telekommunikation, sie enthalten wahrscheinlich alle Kupfer. Und während die Weltbevölkerung die 7 Milliarden überschreitet und Millionen von Menschen in China und Indien in ihrem unausweichlichen Streben nach Glück fortfahren und von den ländlichen Regionen in die Städte ziehen, kann die Nachfrage nach Kupfer und anderen Rohstoffen nur wachsen. Ich habe zu Investoren schon über viele Jahre über das Wachstum der Emerging Markets und Verstädterung gesprochen. Jetzt führt Gianni Kovacevics kunstvolle Erzählung den neugierigen Investor auf eine aufregende Reise rund um die Welt, um diese Trends zu entdecken und zu erkunden und damit ihre unerwarteten Auswirkungen auf die Rohstoffmärkte. *Mein Elektriker fährt einen Porsche?* ist ein hochinteressantes Gleichnis für menschlichen Fortschritt und die damit verbundenen Chancen.

Frank E. Holmes

1

Ein Anruf in der Praxis

Es ist Mittwoch. Und Mittwoch ist mir der liebste Tag der Arbeitswoche. Zum einen, weil es aus einem merkwürdigen Grund so scheint, als finde man an einem Mittwoch leichter einen Parkplatz – immerhin ein kleiner Luxus bei deutlich eingeschränktem Angebot, seitdem ich das Lincoln-SUV gekauft habe, mit dem ich immer zur Arbeit fahre. Die durchschnittliche Lebenserwartung für eine in den USA lebende Frau beträgt 79,9 Jahre, also nur ein Bruchteil unter einer schönen runden 80. Aber wenn man ein Mann ist, so wie ich, bleibt uns nur eine mickrige Lebenserwartung von 76 Jahren, auf die wir uns freuen können.

Glücklicherweise relativiert mein Einkommen solche chromosomenbedingte Einschränkungen zumindest teilweise und erlaubt mir ein Top-up von weiteren zwei bis drei Jahren – je nachdem, welcher Studie dazu man glauben mag.

Der Punkt ist, ich habe keine Zeit, jeden Tag 10 Minuten mit der Suche nach einem Parkplatz zu verbringen. Und ich habe mir sogar die Zeit genommen und nachgemessen: Der Lincoln ist knapp zehn Zentimeter zu lang, um in die meisten Parklücken zu passen. Mir schien die Wahl des Lincoln für den täglichen Berufsverkehr noch gut, als ich ihn kaufte. Aber zugegeben, aus heutiger Sicht wirkt sie eher ein bisschen absurd. Was sich geräumig angefühlt hatte, sieht jetzt eher aufgebläht aus. Damit will ich nicht sagen, es handle sich um ein schlechtes Auto. Es ist sogar großartig. Es hat ein ansprechendes Design und eine großzügige Ausstattung, es fährt sich geschmeidig und lässt sich gut bedienen. Aber seit meine Frau und ich uns haben scheiden lassen und ich in eine renovierungsbedürftige Wohnung weniger als zehn Minuten vom Büro entfernt gezogen bin, hat der Lincoln seinen Zweck verloren. Und wenn ich wirklich ehrlich bin: Ich fühle mich alt damit. Es war ein Auto, das man halt in dieser Lebensphase und gemäß meines Status zu fahren hatte. Es wurde sozusagen von mir erwartet. Aber jetzt bin ich zum ersten Mal in meinem Leben Single und das Auto repräsentiert einen Lebensabschnitt, mit dem ich mich nicht mehr so recht identifizieren kann. Es war voraussehbar und sicher und ich wollte etwas Aktuelleres, wenn man so will. Aus diesem eitlen Anspruch heraus habe ich mir vorgenommen, nach und nach und dann häufiger mit dem Rad zur Arbeit zu fahren. Aber über die bloße Absicht bin ich bis jetzt zugegebenermaßen nicht hinausgekommen.

Wie auch immer, ich schweife ab. Der zweite Grund, warum ich den Mittwoch liebe ist, dass ich mittwochs dafür danke, dass ich mich einst entschieden habe, Arzt zu werden. Während Medizin allgemein eine ungenaue Wissenschaft ist, ist das Praktizieren in der Praxis meiner Meinung nach eher eine Form der Kunst, die ich auf meine Art zu beherrschen gelernt habe. An keinem anderen Tag kam das mehr zum Tragen als mittwochs, wenn sich fast meine gesamte Zeit darauf verwandte, einfach meinen Patienten zuzuhören.

Der Mittwoch ist voraussehbar und ruhig. Das sind Qualitäten, die ich wirklich zu schätzen gelernt habe. Ruhig, weil der sonst übliche Trubel deutlich abebbt. Die Patienten, die Stammgäste sind, legen sich die

Termine an den Anfang der Woche. Die nervigen Patienten mit zu vernachlässigenden oder gar keinen Beschwerden ziehen Donnerstag oder Freitag vor.

Ah ja, der Mittwoch: ereignisarm und fast langweilig. Aber perfekt für einen Haufen Kreuzworträtsel und Jazz Radio und Business TV-Shows, die ich hasse und liebe. An diesem Punkt meiner Karriere stört es mich kaum, wenn ein Patient absagt. Das gibt mir die Freiheit, mich zurückzulehnen, die Aktienkurse zu checken und – wenn ich ganz viel Glück habe – vielleicht sogar eine Tageszeitung zu lesen. Es ist wirklich erstaunlich, dass es sich in der Praxis völlig in Ordnung anfühlt, nichts zu tun, während ich zu Hause das Gefühl habe, ständig an etwas arbeiten zu müssen. Es ist fast so, als sei meine Arbeit mein Hobby geworden und mein neues Zuhause mein eigentlicher Job.

Zur gleichen Zeit im letzten Jahr wäre es das Gegenteil gewesen. Ich war im Büro unermüdlich beschäftigt und zu Hause ein Faulenzer. Obwohl ich viel Zeit mit dem Schauen von Heimwerkersendungen verbracht habe, bin ich nie wirklich dazu gekommen, na ja, selbst »heimzuwerken«.

Die Diagnose für eine solche Umkehrung des Verhaltensmusters fällt wohl eindeutig aus. Ich begründe das mit den zwei Jahrzehnten, die ich damit verbracht habe, obsessiv zwischen dem Golf-Kanal und Heimwerker-Shows hin und her zu schalten. Es war eine Abhängigkeit, die recht unschuldig mit »This Old House« auf PBS begonnen hatte und sich mit Einführung von Reality TV weiter steigerte. Nachdem sich der Rauch um meine Scheidung verzogen hatte, wagte ich den eher mutigen Schritt und kaufte ein knapp 250 Quadratmeter großes Haus mit drei Schlafzimmern. Sehr hell mit vielen Fenstern auf mehreren Ebenen im Stil der frühen modernen Westküsten-Architektur. Das Haus hatte sicherlich Potenzial. Aber all dieses Potenzial beruhte darauf, dass ich von der Couch hochkam und die Arbeit auch anging. Das war ein großartiges aufregendes Projekt. Das Problem war nur, dass ich in der Zwischenzeit auch darin leben musste. Bob Vila, der berühmte Moderator der Heimwerker-Show, hätte seine Freude daran gehabt, es mit dem Regenwetter des Pazifischen Nordwestens aufzunehmen.

Also finde ich tagsüber die Zeit, zwischen meinen Patienten zu entspannen und abends, das bestmögliche Bild eines Heimwerkers abzugeben und all die verschwendete Zeit vor der Glotze nun halbwegs beim Renovieren jedes einzelnen Zimmers wieder zu nutzen. Meistens verursache ich aber immer noch ein schönes Durcheinander.

Was weitere Methoden der Entspannung angeht, so steigere ich mich gerne ein bisschen in meine Finanzplanung hinein. Die Rezession hat meine Generation arg mitgenommen. Und obwohl ich von der größten Not, die einige meiner Kollegen erfahren haben, nicht direkt betroffen war, so war ich doch vorsichtig, was Risiko und Exposure angeht. Ich hatte Freunde mit außergewöhnlichen beruflichen Karrieren, die ihr halbes Vermögen bei dem Crash verloren haben und die nun ihren Renteneintritt auf fünfundsechzig verschoben haben. Einige sagen, sie werden sogar bis siebzig arbeiten müssen. Oh Mann! Ich habe mir ähnliche Gedanken gemacht, aber ich war in meinem Portfolio und mit meinen Anlagen etwas proaktiver und defensiver in der Ausrichtung.

Wie dem auch sei, als ich jetzt Richtung Eingangstür ging, wusste ich irgendwie, dass dieser Mittwoch nicht die Ruhe bringen würde, die ich mir erhofft hatte. Was mich das erahnen ließ, war ein riesiger schwebender Geburtstagsluftballon, der auf mich in der Lobby wartete, begleitet von meiner liebenswürdigen Pamela, die über beide Backen grinste.

»Guten Morgen und herzlichen Glückwunsch, Dr. Anderson!«, sagte sie aufgeregt, als ich hereinkam. Ich schätze, ich war so eingespannt in Erwägungen zu meiner Haus-Renovierung und den Bemühungen, den richtigen Parkplatz zu finden, dass ich meinen eigenen Geburtstag vergessen hatte.

»Ah ja, vielen Dank Pamela,« entgegnete ich grummelnd, während ich mich dabei ertappte, dass ich darüber nachdachte, dass ich sehr wohl wusste, dass ich Geburtstag hatte, es aber einfach nicht wahrhaben wollte. Alle Geburtstage fühlten sich nach der Fünfzig ohnehin gleich an. Wer zählt da noch?

»Achtundfünfzig Jahre jung, und deshalb habe ich Ihnen einen Acai Beeren Power Smoothie vorbereitet. Das wird die Batterien wieder voll machen, hat wenig Kohlenhydrate und ist so super gesund. Keine Widerrede.«

Pamela redet immer so aufgeregt. Sie muss dabei wohl nie Luft holen.

»Oh. Großartig. Vielen Dank. Ich werde mir vorher nur noch kurz einen Kaffee holen, wenn Sie nichts dagegen haben.«

»Dr. Anderson, Sie sind Arzt, nicht wahr?«

»Oh ja. Das stimmt. Und als Arzt kenne ich auch die Auswirkungen von Koffein-Entzug. Insofern liegt es im Interesse meiner eigenen Praxis – erst Kaffee, dann Gesundheit.«

»So ein Quatsch.«

Wenigstens war der Tagesablauf heute vorhersehbar. Die liebenswürdige Frau Chau, deren Osteoarthritis sich wieder meldete, kommt um zehn. Danach ist der gute alte Cal Vernon dran, der, wenn ich raten sollte, wohl herkommt, weil er einen Fall von Verdauungsstörung wieder mit einem Herzinfarkt verwechselt.

Wenn man in seiner Stadt mal über 30 Jahre lang als Allgemeinmediziner tätig ist, entwickelt man so etwas wie ein Gefühl für die Wehwehchen und Beschwerdemuster seiner Patienten. Und man kann fast vorhersehen, wo der Schuh diesmal wieder drückt. Da gibt es die Stammkunden, wie Chau und Vernon, die letztlich einen aufmerksamen Zuhörer und ein bisschen Bestätigung suchen. Dann gibt es die, die nur alle paar Jahre mal reinschauen, dann aber mit gutem Grund wegen eines Unfalls oder einer Tropenkrankheit, die sie sich eingefangen haben. Während ich also über den Rest der Behandlungstermine für den heutigen Tag schaute, stieß ich auf einen Namen, der mir nicht sofort bekannt vorkam – Johnny Rossi ... Wer war Johnny Rossi? Irgendwie schon mal gehört.

»Wer ist denn Johnny Rossi?«, fragte ich.

»Hmmm. Lassen Sie mich kurz nachschauen. Er war schon einige Jahre nicht mehr hier. Er arbeitet als ... hier steht, Elektriker.«

»Ach ja. Genau. Wie konnte ich das vergessen. Jüngerer Mann. Ich habe ihn vor einiger Zeit getroffen, als er die Elektrik in meinem alten Haus gemacht hat. Guter Typ, der in seiner Freizeit gerne reist, wenn ich mich recht entsinne.«

Der Tag verlief genauso weiter, wie jeder andere auch: Frau Chau jammerte wegen einer Entzündung in ihrem Bein, wollte sich aber hauptsächlich über die konstant guten Noten ihrer Enkelin auslassen, deren Grund sie in der genetischen Herkunft derselben sah. Cal hatte tatsächlich Magen- und Darmprobleme, wollte aber eigentlich über die schlechte Verfassung der Mariners Pitcher meckern. Weil Baseball und Investments aber Themen sind, auf die ich gerne etwas Zeit verwende, haben wir ein wenig länger geplaudert.

Während meiner Pause überprüfte ich auf meinem Bildschirm meine größte Position und es sah aus, als sei mein Portfolio, wie immer, fast krisenresistent. Besonders Coca-Cola surfte auf einem mehrjährigen Hoch. Coca-Cola bekommt wenig Hype, verglichen mit Apple oder welches Unternehmen auch immer die wöchentlichen News im Tech-Bereich beherrscht. Aber für mich war Coca-Cola genau das, was ich wollte: stabil, verlässlich, vorhersehbar und profitabel. Neben der Coca-Cola-Aktie waren Staatsanleihen die Anlage, mit der ich besonders zufrieden war und die am ehesten meinem Lifestyle entsprach. Wann auch immer ich Ausgaben, z. B. wegen meiner Renovierungen zu bestreiten hatte, war der Verkauf von einigen Papieren eine relativ unkomplizierte Maßnahme. Im Übrigen lagen meine Anleihen kapitalerhaltend in meinem Depot und bescherten mir jedes Quartal ein kleines zusätzliches Einkommen. Ich konnte meinen Blutdruck sinken und meinen Herzschlag auf sieben Schläge pro Minute fallen hören, wenn ich nur an meine Anleihen dachte.

Ich merkte, dass es schon kurz vor Feierabend war, als Johnny in die Praxis kam. Als Pamela ihn in mein Büro führte, wurde klar, dass Johnny durchaus erwachsen geworden war, seitdem ich ihn das letzte Mal gesehen hatte. Aber er hatte immer noch eine sehr jugendliche Ausstrahlung für einen Mann Mitte Dreißig.

»Hallo Johnny, lange her. Wie geht es Ihnen?«

»Lange her in der Tat. Die Zeit fliegt. Mir geht es hervorragend. Schöne Geburtstagsballons, Doc!«

»Ach so, die.«

»Wie ist es Ihnen ergangen?«

»Ach wissen Sie, ich kriege jetzt auch graue Haare und andere solche schönen Dinge, mit denen ich mich abfinden muss. Sie waren lange nicht da. Wann war Ihr letzter Check-up?«, fragte ich.

»Um ehrlich zu sein, das wissen Sie wahrscheinlich besser als ich.«

»Der Akte nach zu urteilen, ist das mehr als zehn Jahre her, Johnny. Tststs. Wenn ich es auch zu schätzen weiß, dass Sie nicht hinter meinem Rücken andere Ärzte aufgesucht haben, so bin ich doch gezeigt, Sie dafür zu tadeln, dass Sie nicht öfter kommen. Sagen wir, wenigstens einmal im Jahr.«

»Ich weiß, ich weiß. Ich werde das mal auf meine Prioritätenliste setzen.«

»Nun, wo haben Sie sich so rumgetrieben?«

»Ich war mit der Arbeit sehr beschäftigt und bin in den letzten Jahren viel gereist.«

»Genau wie meine Kinder. Ihre Generation hat wirklich gerne Spaß, nicht wahr? Und ich sage Ihnen, was ich meinen Kindern gesagt habe: Das ist alles ein schöner Spaß, bis man mal die Hypotheken zu bezahlen hat.«

»Um ehrlich zu sein, besorgt mich mein Knöchel, der sich unangenehm bemerkbar macht, mehr als Hypothekenzahlungen, Doc.«

»Nun, das ist typisch, oder? Wo tut's denn weh?«

»Ich habe mir den Knöchel irgendwie vor ein paar Wochen bei einer Wanderung in den Schweizer Alpen verrenkt. Und seitdem ist der Schmerz nicht mehr ganz weggegangen.«

»Nun, Johnny, tut mir leid, wenn ich Ihnen das so sagen muss. Sie sind ja nun auch kein Teenager mehr. Solange Sie gut laufen können, sollte alles in Ordnung sein. Aber wir werden das trotzdem mal durchchecken.«

»Hört sich gut an.«

»Also, die Schweizer Alpen. Klingt teuer. Wie war das so?«

»Großartig. Ich bin oft in Europa. Wissen Sie, ich hab's ja mit Sprachen. Wenn man sie nicht anwendet, verschwinden sie.«

»Ja, richtig. Sie sind der, der vier oder fünf Sprachen spricht, richtig?«

»Schuldig im Sinne der Anklage, Doc. Wenn man die Sprache der Einheimischen spricht, macht das jede Reise zu einem noch größeren Erlebnis. Nur wenn ich in China bin, komme ich mit meinem Mandarin-Führer nicht ganz so weit.«

»China? Oh Mann. Sie waren ja seit Ihrem letzten Check-up mehr unterwegs als ich in meinem ganzen Leben. Das ist unfair! Und wie schaffen Sie es, so viel Urlaub zu nehmen?«

»Ich mache es einfach. Das Leben ist kurz und man muss es leben, solange es geht, Doc. Genau das ist mein Motto.«

»Schönes Motto. Etwas dagegen, wenn ich es mir ausleihe.«

»Nicht im Geringsten.«

»Ich hoffe nur, Sie sind nicht so nachlässig, wie meine Tochter, wenn es um Ersparnisse geht. Sie ist nur ein bisschen jünger als Sie und hat ihr Studentendarlehen immer noch nicht zurückgezahlt. Wenn ich Ihnen einen Tipp geben darf, Johnny, dann den, dass der Zinseszinseffekt das eigentliche achte Weltwunder darstellt. Haben Sie nach all diesen Reisen noch Ersparnisse? Es sieht so aus, als haben Sie einen sehr flexiblen Job. Aber man ist nie zu jung, die wahre Kraft des schnöden Mammons und die Disziplin regelmäßiger berechenbarer Beiträge zur Rente und allgemeinen Investitionen schätzen zu lernen. Vertrauen Sie mir, ich mache das jetzt seit über dreißig Jahren.«

»Wow Doc, Danke für den Vortrag. Natürlich habe ich Ersparnisse. Geben Sie mir ein paar Vorschusslorbeeren. Wie man so sagt: Ohne Moos nichts los.«

»Nun gut. Ich entschuldige mich. Sie sind eindeutig ein gewiefter Kerl. Aber ich wundere mich immer über die jungen Leute, die so viel reisen. Vielleicht bin ich eifersüchtig. Sie erinnern mich an mich selbst, wenn ich nicht Medizin studiert hätte und stattdessen mehr Spaß gehabt hätte. Und mir geht es gut. Ich war in der Lage, mein erstes Haus zu kaufen, als ich Mitte zwanzig war, weil ich Disziplin hatte und einigen Grundregeln gefolgt bin, die sich bezahlt gemacht haben.«

»Danke. Aber im Ernst, mir geht es gut. Ich weiß, Sie denken sicherlich, dass wir als Generation X irgendwie in Not sind, weil ihr Babyboomer uns nicht wirklich viele Möglichkeiten gelassen habt. Aber mir geht es wirklich gut.«

»Ah, da kommt diese Geschichte wieder. Sie hören sich an wie meine Tochter.«

»Hey, ich höre mich an, wie jeder, der in den 90ern erwachsen geworden ist, als es dann zu Ende ging mit den preiswerten Immobilien und den gemütlichen Beamtenjobs. Und ich gehöre nicht zu denen, die jeden Babyboomer teeren und federn. Aber Sie müssen zugeben, Sie hatten es schon ziemlich leicht.«

»Ich weiß, das sagen meine Kinder auch. Sie sagen, es sei heute fast unmöglich ein solches Haus zu kaufen wie das, in dem sie aufgewachsen sind. Ich schätze, das geht den meisten Ihrer Freunde genauso.«

»Ja. Viele meiner Freunde beschweren sich, sie zögen den Kürzeren. Aber man muss auch die Chance sehen. Wie gut zum Beispiel kennen Sie sich mit Technologie aus?«

»Computer und so?«

»Ich meine alles.«

»Nun, um ehrlich zu sein, nicht besonders gut. Ich habe mir ein iPad gekauft aber noch nicht genau raus, wie ich irgendeinen Mist downloade oder uploade oder update und was weiß ich alles. Das fällt ganz klar in die Abteilung Ihrer Generation.«

»Genau so sehe ich das auch. Das ist die Abteilung meiner Generation. Und ich sehe das als enorme Chance. Und genau das war es bis jetzt auch. Im Gegensatz zu anderen Leuten aus der Generation X komme ich mir oft vor wie der glücklichste Mensch der Welt.«

»Äh, wie bitte?«

»Ich meine, zur richtigen Zeit am richtigen Ort zu sein, kann das größte Glück sein, das einem widerfahren kann. Man muss das Glück nur reinlassen, wenn es anklopft.«

»Nun, ich bin froh, dass Sie so optimistisch sind. Übrigens, da wir gerade von Technologie sprechen. Ich habe, bevor sie kamen, darüber nachgedacht, wissen Sie. Ich arbeite an meinem neuen Haus und ...«

»Sie sind umgezogen?«

»Nun, das ist eine lange Geschichte. Und um es kurz zu machen, ich habe eine neue Bleibe und ich könnte wirklich Hilfe gebrauchen. Ich habe versucht, so eine moderne Hauselektronik-Steuerung zu installieren, die Licht, Klimaanlage und so weiter regelt. Als man mir das System verkauft hat, hat man mich gewarnt, es sei eher für Fortgeschrittene als für den üblichen Wochenend-Heimwerker. Ich muss zugeben, es ist in der Tat komplizierter als ich dachte. Also, wie wäre es, wenn Sie mal vorbeikämen und mir helfen? Ich verspreche, dass ich nur Ihren Blick über die Schulter mit etwas Anleitung brauche. Und dann trinken wir ein Bier und ich weihe Sie in die Geheimnisse meiner Investments und konservativ-sicheren Anlagen ein.«

»Ihre Geheimnisse?«

»Hey, ich habe ein paar Asse im Ärmel, wenn es ums Investieren geht. Was sagen Sie? Abgemacht?«

»Klar. Da mache ich mit. Wann?«

»Wie wäre Samstag zehn Uhr?«

»Geht klar.«

»Ich denke, ich sollte Sie besser fragen. Was berechnen Sie so üblicherweise?«

»Da gibt es einen guten Witz, den ich gerne erzähle und er dürfte Ihre Frage perfekt beantworten.«

»Erzählen Sie. Ich mag gute Witze.«

»Ein Klempner repariert ein leckes Waschbecken für einen Arzt und reicht ihm dann eine Rechnung über eintausend Dollar. Der Arzt schreit: ›Das ist eine Unverschämtheit. Nicht mal ich berechne so viel.‹ Der Klempner antwortet: ›Das habe ich auch nicht, als ich noch als Arzt gearbeitet habe!‹«

»Ha ha. Witzig. Aber das Spiel kann von beiden gespielt werden«, lachte ich. »Ich sehe schon zu, dass es sich für Sie lohnt. Und man weiß ja nie. Sie profitieren vielleicht sogar von der ein oder anderen Anlageidee, die ich habe.«

»Hört sich gut an, Doc. Und fürs Protokoll, mein Hausbesuch geht aufs Haus. Aber das gilt nur für die ersten zwei Stunden meiner Visite.«

»Abgemacht«, sagte ich und hielt ihm meine Hand hin.

»Abgemacht.«

»Oh, Johnny, sehen Sie zu, dass Sie Ihren Knöchel hochlegen, wenn er schmerzt. Früher oder später wird wieder alles wie neu sein. Das dauert nur manchmal ein paar Monate. Lassen Sie die schlimmsten Belastungen weg.«

»Danke, Doc.«

Es hat etwas Befriedigendes, wenn eine Generation die andere unterstützen kann. Babyboomer wie ich selbst, das ist die Generation, die aus den geburtenstarken Jahrgängen hervorgegangen ist, die auf den Zweiten Weltkrieg folgten. Johnnys Generation, so wie die meiner Tochter, war die sogenannte verlorene »Generation X«, diejenigen, die in den 1990ern in die Arbeitswelt eingestiegen sind.

Während der letzten dreißig Jahre habe ich die meisten Freunde meiner Tochter kennengelernt, vom Grungerocker bis zu ihren Klassenkameraden und Studienfreunden. Sind ihre kollektiven Beschwerden über die Babyboomer gerechtfertigt? Möglicherweise. Dennoch, hatten sie den Vorteil auf ihrer Seite, zur richtigen Zeit geboren worden zu sein, um alle Vorteile der technologischen Revolution nutzen zu können. Es gab nicht viele um die zwanzig Jahre alten Milliardäre zu meiner Zeit. Ich hatte ein gutes warmes Gefühl dabei, Johnny im Gegenzug für seine Hilfe bei meiner Renovierung einige Ratschläge im Investment-Bereich geben zu können.

2

WOCHENENDHEIMWERKER & AKTIENTIPPS

Ein Samstag ist das genaue Gegenteil eines Mittwochs. Anstelle im Büro zu sitzen und Bloomberg zu verfolgen und lange Gespräche mit Achtzigjährigen über das Wetter zu führen, bin ich ein Mann der Tat. Ich mache mir keine Vorwürfe, dass ich Arzt geworden bin. Wie könnte ich das? Aber um ehrlich zu sein, ich wollte eigentlich immer Architekt werden, schon als ich noch jung war. Obwohl ich nur ein Haus renovierte, fühlte es sich doch so an, als könne ich diesen Traum endlich ausleben. Mein Lieblingsarchitekt war immer schon Frank Lloyd Wright – was der Grund dafür war, dass ich genau dieses Haus gekauft hatte. Es kam dem eines Originals von Frank Lloyd Wright so nah, wie ich mir das finanziell leisten konnte. Eines seiner Zitate, das ich in meinen Zwanzigern gelesen hatte und sich in meinem Gedächtnis festgesetzt hatte, war: »Wir sind nicht mehr wirklich einfach. Wir leben nicht mehr in einfachen Verhältnissen oder Gegenden. Das Leben ist ein komplexerer Kampf geworden. Jetzt ist es kühn, einfach zu sein, ja schon eine Heldentat, wenn man nur einfach sein wollte. Es ist eine spirituelle Handlung, zu begreifen, was Einfachheit bedeutet.«

Je älter ich wurde, desto mehr schien dieses Zitat wahr zu werden und mehr als alles andere glaube ich, war diese Unternehmung ein Versuch mein Leben zu vereinfachen und die Komplexität der Welt zu vergessen, die mich das ganze letzte Jahrzehnt verfolgte. Das Ironische daran war nur, dass diese Renovierung ein irre kompliziertes Unterfangen war.

Als es an der Tür klingelte, hatte ich mich gerade in einer Box voller Kabel verloren und völlig vergessen, dass ich Johnny eingeladen hatte, mir zu helfen, die Verkabelung dieser sogenannten Hauselektronik-Steuerung online zu bringen. Der bloße Gedanke daran, wo wohl all die Kabel zu verlegen wären, ohne dass man sie durchs ganze Haus laufen sähe, entrang mir ein hörbares Seufzen. Während ich also hier auf jeden Fall Johnnys Know-how brauchte, hoffte ich, er könnte mir ebenfalls bei der allgemeinen Elektrik helfen. Und um ganz ehrlich zu sein, wäre es schön, mal wieder jemand im Hause zu haben, der mir bei der Besteigung des stetig wachsenden Renovierungsberges, von mir »El Grande« genannt, zu helfen.

Ich hatte kaum Besuch, seit ich eingezogen bin, und das Haus war überfüllt mit Werkzeugen, Werkstoffen und leeren Pizza-Kartons. So entsprach ich sicherlich nicht dem Image eines verantwortlichen Allgemeinmediziners. Aber die Freiheit, so zu leben, wie damals zu Studentenzeiten, beflügelte mich auf eine gewisse Art. Ich machte einen eiligen Versuch, noch etwas aufzuräumen, bevor ich zur Tür eilte. Aber Johnny war schon reingekommen und betrachtete das Chaos.

»Hi Johnny. Danke fürs Kommen. Ich hätte es fast vergessen und wollte gerade kurz zum Baumarkt. Mit dieser Renovierung habe ich mich wohl übernommen. Ich habe sie ›El Grande‹ getauft.«

»Der Große. Toller Spitzname, Doc.«

»Ich versuche, mein Wochenend-Heimwerker-Ego etwas zu pushen, indem ich Aktivität vortäusche. Aber ich brauche wohl ein paar Gefälligkeiten von arglosen Patienten und Freunden, um mich über die Ziellinie zu bringen.«

»Kein Problem. Ich fahre heute eh nur ein bisschen rum.«

»Also wieder ein freier Tag für Sie, nehme ich an?«

»Ach Doc, Wochenenden sind für Lesen, Kumpels und Sport da. Wenn auch nicht in der Reihenfolge«, scherzte Johnny.

»Für einen weltenbummelnden Geldverschwender führen Sie dann doch ein ziemlich strukturiertes Leben, Johnny. Sie müssen mich in Ihre Zen-Künste einführen. Und Ihre Geschichten werden ein bisschen Flair in meine Bude bringen. Kommen Sie ruhig rein und keine Sorge wegen Ihrer Schuhe. Hier kann man nichts mehr dreckig machen.«

Wir gingen durch das Foyer ins Wohnzimmer, das auch nach all den Monaten immer noch voller unausgepackter Umzugskartons war. Witzig eigentlich, wie schnell mein Sinn für Sauberkeit sich nach meiner Scheidung quasi aufgelöst hatte. Cathleen war eine entzückende Ehefrau und ich könnte in keiner Weise schlecht über sie sprechen. Jedenfalls war sie ganz sicher mehr damit beschäftigt, das Haus in Ordnung zu halten, als ich es jemals war. Sie hat Dinge kaputt gemacht und ich habe sie repariert. Ich habe Unordnung gemacht und sie hat aufgeräumt. Das war unsere Abmachung.

»Bitte entschuldigen Sie den Zustand des Hauses. Wie Sie sicherlich sehen können, bin ich immer noch dabei, alles in Ordnung zu bringen. Übrigens, ich habe kürzlich gelacht bei Ihrem Klempner-Witz. Ich habe aber absolut keine Ahnung, was man als Handwerker heutzutage so verdient.«

»Das kommt drauf an, Doc. Es gibt Elektriker und es gibt *Elektriker*.«

»Ich bekomme das Gefühl, dass Sie eher zur zweiten Gattung der Elektriker gehören, die Art, die eine Nische gefunden hat und zweimal so viel berechnen kann, wie der gewöhnliche Strippenzieher.«

»Entspannen Sie sich. Ich bin ja nicht hier, um überhaupt etwas zu berechnen. Und Sie erinnern sich wohl nicht mehr. In Ihrem alten Haus bin ich während einer Hitzewelle sehr spät noch zu Ihnen gekommen, um die defekte Klimaanlage zu reparieren. Als Extra-Dankeschön gaben Sie mir Ihren alten Satz handgemachter Golfschläger, erinnern Sie sich?«

»Oh richtig. Sie alter Gauner. So war das. Wir hatten bis zehn in der Nacht zu tun. Und Sie haben von dem alten Satz Schläger so geschwärmt. Nun, ich hoffe, sie haben geholfen, Ihr Spiel zu verbessern. Ich weiß nur, dass die neuen Schläger mein Spiel nicht weitergebracht haben.«

»Ich habe jetzt ein Handicap von zehn. Und ich benutze sie noch immer. Danke noch mal.«

»Nun, dann kann ich mir ja zumindest heute ein paar Freiheiten erlauben. Im Grunde will ich diese neue Hauselektronik-Steuerung installieren, die ich gerade gekauft habe, damit ich alle technischen Finessen nutzen kann. Aber es sieht so aus, als blicke ich da nicht wirklich durch. All die Einstellungen und Kabel für Internet, Musikanlage, Fernseher, Lautsprecher. Man hat mir gesagt, das Ganze sei nicht unkompliziert. Aber man hat mir *nicht* gesagt, dass man vorher eine Doktorarbeit darüber schreiben muss.«

»Wow. Schauen Sie sich den Haufen Kabel an. Sie wissen schon, dass man die im Karton lassen sollte, bevor man die Anlage einrichtet, Doc?« Johnny blickte kurz auf die Betriebsanleitung und lief dann herum, um alle Bestandteile der Ausstattung Stück für Stück in Augenschein zu nehmen. Als er mit den einzelnen Komponenten moderner Technologie rumhantierte, kam mir der Gedanke, wie schnell auch diese Teile wieder überflüssig werden würden.

»Zuerst einmal, wird das hier länger dauern als nur ein paar Stunden am Samstag«, sagte er.

»Ich hatte schon befürchtet, dass Sie das sagen würden.«

»Zweitens, Sie müssen das alles nicht voll verkabeln.«

»Wie meinen Sie das?«

»Sie sollten direkt ein drahtloses System benutzen. Das erspart uns das Durcheinander und alles wird prima funktionieren. Ich sag's nicht gerne. Aber der Typ vom Baumarkt ist nach diesem Verkauf befördert worden.«

»Nun, Sie müssen nachsichtig sein, Johnny. Ich habe seit Jahren in dem Bereich nichts mehr erneuert. Was genau ist ein drahtloses System?«

»Es ist das, wonach es klingt. Ein System ohne Drähte oder Verkabelung. Es funktioniert wie Wi-Fi.«

»Ah ja. Wi-Fi. Was das ist, weiß ich. Cathleen hat es vor ein paar Jahren im alten Haus eingerichtet. Also schlagen sie vor, ich packe das alles hier wieder zusammen und kaufe ein neues?«

»Ich sage nur, dass es viel bessere Lösungen zu kaufen gibt. Technologie entwickelt sich schneller als man denkt. Ich kann Ihnen sagen, welches System ich nutze. Es ist einfach und funktioniert bestens. Es sei denn, Sie wollen hier Rockkonzerte veranstalten. Dann bräuchten Sie etwas Schickeres.

»Nö. Keine großen Partys. Aber Sie haben sicherlich ein modernes, raffiniertes System. Ich versuche hier kein Vermögen auszugeben.«

»Nicht nötig. Die Preise für elektronische Bauteile sinken erfahrungsgemäß immer schnell. Also, Moment ... lassen Sie mich raten: Sie haben diesen Kram als Sonderangebot erstanden?«

»Äh, ja. Man hat mir gesagt, es sei genauso gut wie das neuere Zeug, nur günstiger, weil ein älteres Modell.«

»Was nix kostet, is nix.«

»Ich weiß, ich weiß. Wenigstens machen wir hier Fortschritte. Wo waren Sie bloß letzte Woche, als ich einen Berater gebraucht hätte?«

»Sie brauchen etwas, das genauso gut ist, aber viel einfacher zu bedienen. Jetzt nehmen wir aber doch die Ersparnisse dieser Version mit und installieren sie. Übrigens, wie geht es Cathleen?«

»Oh, ich bin sicher, ihr geht's gut. Wir haben uns Anfang des Jahres scheiden lassen. Daher diese Unordnung.«

»Tut mir leid, das zu hören. Ist alles in Ordnung?«

»Alles in Ordnung. Es hat einfach nicht mehr funktioniert. Ich werde Sie nicht mit Einzelheiten langweilen. Es ist wohl bei vielen Ehepaaren so, wenn die Brut ausgeflogen ist. Wir wollten wohl beide ein neues Kapitel in unserem Leben aufschlagen. Letztlich haben wir uns entschieden, dass sie das alte Haus behalten sollte, weil sie in der Nähe arbeitet und ich 45 Minuten fahren musste. So bin ich also zu ›El Grande‹ gekommen.«

»Nun denn, auf zum neuen Kapitel Ihres Lebens: Immer vorwärts!«

Während Johnny diese Aufmunterung ausstieß, merkte ich: Dies war das erste Mal seit dem Umzug, dass ich im neuen Haus in Gesellschaft eines Freundes war. Es fühlte sich gut an, mit jemandem zu quatschen, der nichts mit meiner Ehe oder meiner Praxis zu tun hatte.

»Das sieht nach einem Großprojekt aus, was Sie hier angefangen haben. Was ist der Plan?«

»Nun, ich war schon immer in die West-Coast-Architektur verliebt. Ich bin quasi Fan. Aber mit Cathleen und den Kindern war es einfach nicht möglich, ein Haus in diesem Stil zu finden, das gleichzeitig die Bedingungen erfüllte, die das Familienleben fordert. Insofern lebe ich jetzt auf eine Art meinen Traum.«

»Großartig. Sieht aber nach viel Arbeit aus.«

»Ich kann das meiste selbst – so zumindest meine Hypothese. Und ich versuche, nicht zu viele Handwerker zu beschäftigen. Bei Dingen wie Bad und Küche, Mauern und Böden ist das durchaus realistisch. Aber ich bin verloren, wenn es um die eher technischen Dinge geht, wie die Elektrik und Klempnerarbeiten. Aber genug über mich. Wie sieht's bei Ihnen aus? Sind Sie verheiratet? Immer noch bei der gleichen Firma?«

»Noch nicht verheiratet. Ich war zu sehr mit Reisen beschäftigt und damit herauszufinden, wie unsere Welt funktioniert.«

»Oh Mann. Es graut mir, wenn ich daran denke, wie viel dieses verführerischen Geldes Sie hätten sinnvoll investieren können. Damals im alten Haus haben Sie mir erzählt, welche Aktien Sie eingesammelt haben. Ich hoffe, Sie sind wenigstens dabei geblieben.«

»Die Zeiten waren, wie soll ich sagen, lehrreich«, sagte Johnny mit einem schelmischen Leuchten in den Augen. »Die Höhen und Tiefen seit der 2008er-Finanzkrise waren nicht einfach. Aber es gab sicherlich einige interessante Gelegenheiten.«

»Gelegenheiten? Was haben Sie getrunken? Oder geraucht? Ich kann zu Ihrem Portfolio nichts sagen. Aber ich investiere schon länger, als Sie alt sind, Johnny. Ich würde sagen, dem durchschnittlichen Investor wurde das Portfolio regelrecht auf den Kopf gestellt. Punkt. Und inzwischen ist es schwieriger denn je, beständige Gewinne zu machen.«

»Woher bekommen Sie Ihre Investment-Empfehlung, Doc?«

»Ich lese seit dreißig Jahren das *Wall Street Journal*. Und im Hintergrund beschalle ich mich sieben Tage die Woche mit diesen Finanzsendern. Aber selbst dann werden wir mit noch mehr ›News‹ aus allen Richtungen bombardiert. Und Information fließt so schnell in diesen Zeiten, dass die Computer-Trader, auch wenn man glaubt, am Puls der Zeit zu sein, uns Otto Normalverbrauchern immer noch ein oder zwei Schritte voraus sind.«

»Warum sollte man sich deswegen sorgen? Wenn man nicht mithalten kann, warum nicht auf sicher und regelmäßig setzen, wie zum Beispiel mit Exchange Traded Funds, Blue Chip Aktien oder Investmentfonds?«

»Das mache ich. Aber das ist alles, was ich mache. Erinnern Sie sich an die dot.com-Bombe? Wie viel Geld ging dank überragender Dämlichkeit verloren! Wollten die Tech-Analysten, die die Wall Street bevölkerten und die Investoren, die ihnen gefolgt sind, wirklich die aberwitzigen Bewertungen von Firmen wie www.sell-me-something-stupid-on-line.com oder www.this-is-really-hi-tech-so-it-just-has-to-work.com rechtfertigen?«

»Ich weiß. Die meisten Investitionen in diese ›virtuellen‹ Unternehmen sind gen Anleger-Himmel gefahren«, stimmte Johnny zu. »Wer hat nicht sein letztes Hemd verloren, als er in den Sog gezogen wurde? Es ist witzig, wie jede Blase auf die gleiche Weise endet, und nach dem Krieg wird jeder zu einem Sesselgeneral. Wie auch immer, die besten Ideen ihrer Klasse mit einem starken Management-Team schaffen es, riesige Profite für geduldige, und noch wichtiger, gut informierte Anleger zu schaffen.«

»Sicherlich, Johnny, und ich soll dann wissen, welche von zwanzig Ideen so funktioniert? Ich bin genauso gut informiert, wie jeder andere Vollidiot da draußen.«

»Wirklich?«

»Ich habe das Gleiche gelesen, wie jeder andere auch. Wahrscheinlich sogar mehr.«

»Nun, was haben Sie aus dem ganzen Elend gelernt? Sind Sie nicht auch der Herde gefolgt und haben das gleiche Schicksal erlitten? Haben Sie es dann nicht verdient?«

»Nach dem Platzen der dot.com-Blase habe ich in ETFs und Investment Fonds investiert. Nicht in irgendwelche. Ich meine die Besten der Besten. Komplett abgesicherte Immobilienfonds und Blue-Chip-Produkte. Und was dann? Wir wurden von gefälschten Immobilien-Eigentümerstrukturen torpediert, alles unterstützt von den Hyänen an der Wall Street, was dann ja zu den größten Kreditausfällen der Geschichte geführt hat. Dieser Vertrauensverlust in das gesamte System steigerte sich zur 2008er-Finanzkrise und: Puff!, 50 Prozent der durchschnittlichen Anlagewerte verdampften. Jeder, den ich kenne, war davon betroffen.«

»Das brauchen Sie mir nicht zu sagen. Das haben wir alle durchlebt. Aber man darf nicht vergessen, jede Krise birgt auch ihre Gelegenheiten.«

»Wohingegen diese Krise eine neue hervorgebracht und mehr Vertrauen zerstört hat: Die Eurokrise und den Zusammenbruch von öffentlichen Anleihen. Wer konnte das voraussehen? Ganze Länder insolvent! Kreise und Städte hier in den USA. Und wieder ›todsicher‹ wie ein Furz im Wind – all die Werte und noch viel schlimmer, so viel Vertrauen der Anleger – weg. Nichts hat gehalten. Nicht mal sicheres Gold.«

»Wow, Doc. Sie sind wirklich der geborene Untergangsprophet. Also: Was wollen Sie mir denn damit sagen? Investiere nicht mehr?«

»Natürlich muss man investieren. Ich selbst lasse nur die Finger von allem, was ich nicht verstehe und bleibe bei den Dingen, die ich kenne und denen ich vertraue. Unternehmen, die seit Jahrzehnten existieren und Produkte verkaufen, ohne die wir nicht leben können, sind die Unternehmen, die aller Wahrscheinlichkeit nach auch in den kommenden Jahrzehnten noch Bestand haben. Ich kaufe und halte Coca-Cola und McDonalds. Ich werde Microsoft kaufen und deren regelmäßige Dividenden einstreichen. Und ich bin mir ziemlich sicher, dass die nicht pleitegehen wie Griechenland oder Detroit.«

»Das klingt logisch. Welche Rendite erwarten Sie bei dieser Art der Anlage?«

»Ich erreiche stabile 7 oder 8 Prozent, manchmal sogar 10 Prozent. Das Beste daran ist aber, ich kann gut schlafen und bin immer voll liquide. Ich kombiniere meinen Sparplan und meine Rentenplanung in einem diversifizierten Portfolio. Ich frage mich, warum ich einen Investmentfonds-Manager dafür bezahlen soll, dass er mir Blue-Chip-Aktien kauft, wenn ich das selbst machen und die Gebühren sparen kann.«

»Also, was Sie mir damit sagen wollen, ist, dass ich mir ein diversifiziertes ausbalanciertes Portfolio von Dividendentiteln zulegen und mich dann entspannt zurücklehnen soll.«

»Denken Sie daran, Johnny, das achte Weltwunder ist der Zinseszinseffekt. Es gibt eine einfache Faustformel, die man mit jedem Zinseszinseffekt verbinden kann, und das ist die 72. Die 72er-Faustformel.«

»Ich habe das Buch mal gelesen. Wenn man die generierte Rendite durch 72 teilt, erhält man die Anzahl der Jahre, die es braucht, bis sich das Kapital verdoppelt. Wenn man also eine 10-prozentige jährliche Rendite durch 72 teilt, verdoppelt sich das eingesetzte Kapital alle 7,2 Jahre.«

»So ist es, Johnny. Das ist der Schlüssel zum Investieren – Geduld, regelmäßige Beiträge und keine Ideen, mit denen man über Nacht schnell reich wird. Die funktionieren einfach nicht und sie führen dazu, dass man das meiste Geld verliert, anstatt es zu verdoppeln.«

Johnny schaute sich im Zimmer um und entdeckte in all dem Chaos eine leere Big-Mac-Schachtel, nahm sie und reichte sie mir. »Wissen Sie, Doc, haben Sie sich jemals gefragt, was ein Big Mac wirklich kostet?«

»Ha, das sollte ich wohl wissen, wenn ich gerade einen gegessen habe. So um die 4,50 Dollar.«

»Und vor 25 Jahren?«

»Keine Ahnung. Darüber müsste ich nachdenken. Vielleicht so zwei Dollar? Drei Dollar? Da gibt's doch bestimmt eine Internetseite, wo man so was nachschauen kann.«

»Klar.« Johnny holte sein Smartphone hervor, wischte für ein paar Sekunden mit dem Finger über den Bildschirm und zeigte mir, dass der Preis für einen Big Mac vor 25 Jahren bei 2,20 Dollar lag und 1980 bei einem Dollar. »Wissen Sie, was der Big Mac gekostet hat, als er 1968 eingeführt wurde?«

»Ich schätze, das sollte ich, weil ich da gerade Teenager war. Aber ich habe keine Ahnung.«

»Neunundvierzig Cent.«

»Okay. Und?«

»Wissen Sie, wie viel Öl man braucht, um einen Big Mac zu produzieren?«

»Ha! Ich weiß, dass es zu viel ist. Und es bringt mich irgendwann um. Als Arzt sollte ich es besser wissen. Aber als Junggeselle sei mir eine ernährungstechnische Auszeit erlaubt. Aber wo wir gerade von Big Macs sprechen, McDonalds ist ein großartiges, langfristig interessantes Unternehmen. Wenn ich nur im Jahr 1998 Aktien von McDonalds gekauft hätte, vor der dot.com-Blase, vor dem Immobilien-Kollaps und vor der

Eurokrise, wo wäre ich dann heute? Das ist die eigentliche Frage, die helfen sollte, das Prinzip des geduldigen Value Investing zu beschreiben.«

»Das ist allerdings nicht das Öl, das ich meinte. Was ich zu erklären versuche, ist, was man tatsächlich braucht, um einen Big Mac zu produzieren oder alles andere dieser Art. Aber als Beispiel bleiben wir ruhig mal beim Big Mac. Wir haben Rind für das Fleisch, Getreide im Brot und Öl, nicht Speiseöl, aber das schwarze Zeug aus dem Boden, um all diese Bestandteile liefern und damit erst verarbeiten zu können. Und dann kommt noch die Buchhaltung dazu und noch vieles mehr. Öl ist ein Rohstoff und wir brauchen all diese Rohstoffe um Coca-Cola zu ermöglichen, die Bausteine von Microsoft, Google all das Heimwerker-Zeug und alles sonst um uns herum. Wie hat sich dieses Kernelement unserer Wirtschaft in den letzten Jahren verhalten? Haben Sie das verfolgt?«

»Moment mal. Wenn Sie über Rohstoffe reden, dann ist das der Handel! Haben Sie gar nicht verstanden, von was ich gerade gesprochen habe?«

»Ich spreche nicht vom Rohstoff-Handel, Doc. Ich spreche von Inflation. Wenn der Preis eines Big Mac und der von allem um uns herum im Durchschnitt mit der Inflationsrate steigt, was ist dann die wahre Rendite Ihres 7 bis 10 Prozent-Portfolios? Haben Sie darüber überhaupt schon mal nachgedacht?«

In dem Moment erklang ein Geräusch wie ein UFO-Signal aus Johnnys Handy. Der Untertassen-Mechaniker schaute kurz auf das Gerät und stellte es ab. »Verdammt. Ich muss los. Wie wäre es, wenn wir uns nächsten Samstag weiter unterhalten über McDonalds und Big Macs?«

»Heißt das, Sie helfen mir bei der Arbeit an ›El Grande‹?«

»Ja, schauen wir mal, wie es läuft. Ich habe erstmal keine Reisen geplant und finde es sehr interessant, wie ein gebildeter Babyboomer wie Sie denkt, investiert und sogar renoviert.«

Johnny, der ohne Werkzeug gekommen und mit einer wahrscheinlich schmerzhaft überteuerten Designer-Jeans gekleidet war, verließ das Haus, ohne dass ich ihn hinausbegleiten musste. Nach ein paar Minuten merkte ich, dass wir nicht wirklich viel gearbeitet hatten. Aber er hatte mir durch seinen fachmännischen technischen Rat dutzende Stunden und unzählige Dollars eingespart. Während ich auf den leeren Big Mac-Karton starrte, gingen mir Bilder von Rohstoffen durch den Kopf wie ein Newsticker und ich hielt mich für einen kompletten Idioten, weil ich keine Ahnung hatte, was solche Rohstoffe kosteten, sei es Rindfleisch, Getreide oder die Metalle in all den Werkstoffen, die um mich herumlagen. Und sein letzter Hinweis, Inflation? Hatte ich die Inflation völlig vergessen?

Als ich nach draußen in die Einfahrt eilte, um Johnny noch zu einer letzten Frage zu erwischen, sah ich nur noch die Rücklichter eines knallroten Sportwagen davonrasen.

»Wow. Nettes Auto. Wer war das?« fragte mein Nachbar mit offenem Mund.

»Hmmm, mein Elektriker.«

»Ihr Elektriker fährt einen Porsche?«

»Was? Mein Elektriker fährt einen Porsche?«, wiederholte ich völlig fassungslos.

3

SEIFENOPERN
AUS DER FINANZWELT

Unter der Woche wurde ich ständig durch Werbung auf meinen Finanzsendern an Johnnys Big Mac Bemerkung erinnert. Er hatte einen gewissen Punkt in mir getroffen, als er mich nach dem Preisunterschied für einen Big Mac heute und in der Vergangenheit fragte. Der irritierende Teil seiner Frage war der zweite Teil, der sich auf die Grundlagenpreise für die eigentliche Inflation bezog. Ich war nie jemand, der im Supermarkt eingekauft hat, noch habe ich je an die Kosten der sogenannten »Kernelemente der Wirtschaft« gedacht. Das Verhältnis zwischen diesen Dingen und unserem Aktiengespräch war eindeutig mehr, als nur ein paar Fakten zu sammeln, die bei Jeopardy helfen. Es schien zumindest klar, dass der Preis eines Big Mac in gleichem Maße steigen würde, wie die Inflation. Simple Antwort. So weit, so gut. Und dennoch hatte ich die dunkle Ahnung, dass es einen größeren Zusammenhang zwischen der Relevanz der Inflation und einem Investment-Portfolio gab.

Hamburger und Rohstoffe waren nicht das Einzige, was mich beschäftigte. Man kann nur mutmaßen, wie ein Elektriker es sich erlauben kann, in so einem auffällig teuren Auto durch die Stadt zu fahren. Irgendwas daran passte mir nicht. Hatte ich eine groß angelegte Umverteilung von Reichtum verpasst, während ich mich in all diesen Jahren pflichtbewusst um meine Patienten gekümmert habe?

Oder hatte ich den Teil überhört, in dem Johnny mir erzählte, ihm gehöre eine große Firma mit jeder Menge Angestellten und lukrativen Aufträgen? Vielleicht kam er aus einer wohlhabenden Familie oder ich habe das alles nur missverstanden, und er verschwendete all seinen Gewinn mit einem Auto, das er sich eigentlich nicht erlauben konnte und nun will er endlich anfangen, sein hart verdientes Geld zu sparen? Ich dachte an meine Kinder – gesegnet sei ihre Geld-ist-zum-Leben-da-Einstellung und die auflaufenden Kreditkartenschulden unserer modernen Konsumgesellschaft.

Als der Samstag näher rückte, war ich gleichermaßen gespannt, fühlte mich unwohl und ich sah zu, dass ich draußen war, wenn Johnny mit seinem Handwerker-»Firmenwagen« vorfahren würde. Ich hoffte halb, dass es sich dabei nur um einen Oldtimer oder eine Schrottkiste handeln würde.

Oh Mann, lag ich daneben! Er fuhr in dem wohl neuesten Spitzen-Turbo-Modell vor. Ich war kein Experte, konnte also nicht sicher sein. Ich wurde von einer Welle von Neid erfasst und vielleicht einem kleinen Bedauern, als ich zu meinem Lincoln rüberschaute.

»Ciao Doc. Produktive Woche?«

»Guten Morgen Johnny. Soll ich helfen, das Werkzeug aus dem Handwerkerbus zu holen?«

»Witzig Doc. Ich gehe davon aus, Sie haben alles an Werkzeug, was man braucht. Immerhin haben Sie sich seit den 90ern jede Heimwerkersendung angeschaut, die ausgestrahlt wurde. Mit Sicherheit haben Sie die dazu passenden Werkzeuge.«

»Na gut. Ertappt. Ich bin mit Werkzeug ziemlich gut ausgestattet. Worauf ich hinauswollte ist, dass Ihr Firmenwagen ... ein Porsche ist!«

»Nur eine Art, mich für einen guten Job zu belohnen.«

»Hatten Sie ein gutes Jahr beim Elektrifizieren von Dingen?«

»So könnte man sagen. Oder man könnte sagen, es ist schön, wenn ein Plan funktioniert.«

»Sie haben meine Aufmerksamkeit, aber ohne zu neugierig zu sein: Wie läuft die Elektrikerbranche dieser Tage so? Es sieht fast so aus, als würde Ihr Klempnerwitz erschreckend wahr.«

»Um die Wahrheit zu sagen, ich habe mich noch nicht entschieden, was ich Ihnen berechnen werde. Und wie ich letzten Samstag sagte, bin ich ziemlich interessiert daran, zu erfahren, wie ein gebildeter Babyboomer mittleren Alters denkt. Warum sagen wir nicht, dass ich Ihnen einen Gefallen tue und eines Tages tun Sie mir einen?«

»Nun, wenn wir gerade im Gefallenmodus sind – warum sagen Sie mir nicht, was Sie dieser Tage so vorhaben, von um den Globus reisen, schnelle Autos fahren und die Auswirkungen von Big Macs auf unsere Gesellschaft zu analysieren einmal abgesehen. Meine Neugierde ist grenzenlos.«

»Beruflich schaue ich Seifenopern.«

»Wie bitte?«

»Ich schaue finanzielle Seifenopern, tagein, tagaus. Das wäre allerdings ziemlich schwierig, wenn man die Stechuhr um neun und fünf bedienen müsste.«

»Ah, Sie sind gar kein Elektriker mehr? Jetzt bin ich gründlich verwirrt. Warum haben Sie mir das nicht gleich gesagt? Also haben Sie den Job gewechselt und sind jetzt in der Seifenoper-Branche?«

»Ganz kalt, Doc. Sie denken zu kompliziert. Ich habe vor ungefähr zehn Jahren aufgehört, täglich als Elektriker zu arbeiten und angefangen, meine Investments ernster zu nehmen. Ich wollte mit dem Begriff ›Seifenoper‹ nur zeigen, mit welchem zeitlichen Einsatz ich mich mit meinen Finanzen beschäftige. Um mich hier fit zu machen, bedurfte es mehr, als nur zwischen den Arbeitseinsätzen das *Wall Street Journal* oder die *Financial Times* zu lesen.«

»Also ist Investieren so etwas wie Ihre tägliche Obsession geworden? Ist es das, was Sie meinen, wenn Sie von Seifenopern sprechen?«

»So habe ich nie daran gedacht. Aber so ist es wohl. Das Geschehen an den Finanzmärkten zu verfolgen, ist einer der Grundsteine meiner Investmentphilosophie geworden.«

»Also sind Sie jetzt Investor, kein Elektriker mehr. Macht Sie das zu einem sogenannten ›Day Trader‹?«

»Nicht völlig. Ich bin nur ein Investor, wie Sie auch. Mein Ansatz ist nur ein wenig anders. Sehen Sie, Leute wie Sie würden mich einen Spekulanten nennen, oder sogar einen Hochrisiko-Investor. Aber bin ich das wirklich?«

»Sagen Sie's mir. Sind Sie's? In was zum Teufel investieren Sie eigentlich?«

»Nichts für ungut. Aber die meisten Investoren – und ich meine fast alle, Sie eingeschlossen – nehmen ihr komplettes ›investierbares‹ Einkommen, Ruhestandsrücklagen, allgemeine Sparguthaben usw. und investieren alles in einen Investmentfonds oder Blue-Chip-Aktien auf der Suche nach Dividenden und hoffentlich ein wenig Kapitalzuwachs. Das ist auch völlig logisch als Kernbestand für jedes Portfolio, besonders wenn man auf den Ruhestand zugeht.«

»Der hoffentlich deutlich vor meinem fünfundsechzigsten Geburtstag anfängt.«

»Was viele Investoren völlig vergessen, ist, wie sehr die Inflation die Gesamtrendite beeinflusst. Haben Sie sich schon mal darüber Gedanken gemacht, wie Ihre wahre Kaufkraft sich im letzten Jahrzehnt verändert hat?«

»Das geht wohl zurück auf die Big Mac-Frage, richtig? Und wie ein Big Mac und die Bestandteile, aus denen er gemacht ist, im Preis gestiegen sind?«

»Lassen Sie uns das mal genauer betrachten. Es gibt viele Faktoren, die Rohstoffpreise nach unten oder nach oben bewegen. Was ich mit der Frage meinte, ist, wenn die meisten Dinge, die Verbraucher kaufen, mit dem Big Mac als unserem Beispiel, pro Jahr um 5 oder 6 oder 7 Prozent im Preis nach oben gehen und Investoren hoffen, 7 bis 10 Prozent Rendite zu erwirtschaften – was wird dann aus ihrer realen Rendite?«

»Einfache Arithmetik würde zeigen, dass der Großteil der Rendite zunichte gemacht würde.«

»Genau. Und was passiert aufgrund dieser Tatsache mit der wahren Kaufkraft auf globaler Basis?«

»Meine praktische Seite sagt mir, dass ich mehr und mehr Kapital habe durch meine Renditen. Aber so wie Sie mich hier Stück für Stück heranführen, sagt mir mein Menschenverstand, dass meine wahre Kaufkraft verloren geht.«

»Um dieses Phänomen zu beschreiben gibt es einen großartigen Begriff, genannt ›reward free risk‹ oder gegenleistungsloses Risiko. Stellen Sie sich ganze Portfolios vor, die sich um eine jährliche Rendite von 5 Prozent bemühen, während die tatsächliche Preisinflation genauso hoch ist oder höher! Das Problem ist, dass die meisten Makro-Themen und Ideen, die die wahre Kaufkraft beschützen wollen, in den Mainstream-Medien nicht sonderlich ausführlich repräsentiert werden.«

»Also sind diese Themen und Ideen die finanziellen Seifenopern, die sie verfolgen?«

»Ja, aber es sind nicht nur die Makro-Themen. Diese Seifenopern bieten auch eine völlig andere Investmentphilosophie. Wir nehmen nur 5 oder 10 Prozent unseres Investitionskapitals mit dem Ziel 200, 300 oder 1000 Prozent Rendite mit diesen Ideen zu erreichen. Sie denken sicherlich, das sei verrückt, stimmt's?«

»Hört sich an wie ein Wettspiel. Ihr jungen Typen habt Glück bei irgendeiner Internetaktie oder Ölquellenentdeckung und denkt, ihr seid Genies. Ich habe gesehen, wie dieser Film endet, Johnny. Es wird nicht lange dauern, bis sich solch kleine Glückstreffer in große Verluste verwandeln.«

»Sie sagen, ich sei ein Spieler. Ich sage, ich bin ein berechnender Spekulant, ein ›antizyklischer Investor‹, der gegen den Trend setzt, wenn man so will. Aber wenn Sie die Wettspiel-Metapher nutzen wollen, ist das o.k. Lassen Sie uns den Markt mal betrachten, als sei er ein Kasino. Ich könnte also am Black-Jack-Tisch voller Investments sitzen mit meiner Hochrisiko-Position. Aber was mich vom Rest der Meute unterscheidet, ist, dass ich Karten zählen kann, indem ich die Werkzeuge und den Rat nutze, die mir in meinen finanziellen Seifenopern angeboten werden.«

»Also geben Sie zu, dass Sie spielen!«

»Lassen Sie es mich das nochmal anders formulieren, um vielleicht mit einer etwas gebildeteren Methode diesen Punkt zu machen. Benjamin Graham, der oft als Vater des Value Investing gesehen wird und gerne von anderen großen Value Investoren, wie Warren Buffet oder Irving Kahn zitiert wird, hat die Möglichkeiten der Märkte einmal folgendermaßen beschrieben. Ich umschreibe das mal, wenn ich darf?«

»Sie dürfen.«

»Graham sagte, dass kurzfristig gesehen Märkte wie Wahlmaschinen funktionieren, langfristig aber wie Waagen. Kurzfristig geben Investoren ihre Stimme durch den Kauf oder den Verkauf von Aktien ab und verursachen in Phasen des Überschwangs oder der Panik ein höchst irrationales Verhalten. Das ist der Grund, warum Aktien in guten Zeiten bei einem Zigfachen des Gewinns oder in schlechten Zeiten unter dem Buchwert notieren. Langfristig verhalten sich die Märkte wie Waagen, weil der wahre Wert eines soliden Investments nicht verborgen bleiben kann. Manchmal braucht das nur Zeit. Das ist vernünftiges Value Investing und man kann die Arbitrage oder die Psychologie zwischen diesen zwei Szenarien ausnutzen, um seinen Gewinn zu machen. Das ist etwas komplizierter, als nur niedrig zu kaufen und hoch zu verkaufen.«

»Genau. Daher wohl der Spruch ›buy when they cry and sell when they yell‹.«

«Ja, wer kennt den nicht. Wenn die Ehefrau meines Frisörs mir Aktientipps gibt, dann ist es Zeit zu verkaufen – und das wahrscheinlich schon seit längerem. Wenn man einen wirklichen Gewinn im Markt machen möchte, muss man manchmal anderer Meinung sein als die Masse. Ist das nicht das Wesentliche am Investieren – gegen den Trend zu sein? Ansonsten kaufte man immer nur die Story auf Seite 1, was erwarten lässt, dass man seine Position erst auf dem Höhepunkt einer Entwicklung oder nahe dran bezieht. Ich investiere fast nie in eine Story auf Seite 1. Und dadurch können Sie oder ich einen kleinen Vorteil haben. Ich ziehe es vor, in eine Story auf Seite 16 zu investieren, die zur Story auf Seite 1 wird. Es gibt einen Grund, warum man es ›Markt‹ nennt. Denn die Person, von der Sie kaufen oder an die Sie verkaufen, hat offensichtlich nicht die gleiche Investment-Strategie wie Sie. Oder sie hat vielleicht etwas übersehen? Wenn man das Was, Wann und Wie kennt und die andere Person nicht, dann wird der Andere zum Opfer und man selbst zum antizyklischen Investor, der profitieren kann.«

»Ok. Ich gebe zu, das klingt interessant. Aber Sie sprechen mit mir wie mit einem Bauern, Johnny. Ich soll mich also nicht nur an meine täglichen Finanzzeitungen und Finanzsendungen mit den Seite-1-Stories halten, sondern meinen Horizont erweitern und mich über die weitgefächerten Themen und Ideen auf Seite 16 fortbilden?«

»Unbedingt«, antwortete Johnny. »Bevor Sie die Dinge nicht im 360-Grad-Blickwinkel sehen, sind Sie immer noch ein passiver Investor. Und ich sage das nicht, um Sie zu entmutigen. Das ist nur Fakt. Die meisten passiven Investoren geraten in Panik, wenn die Hölle los ist, und werden eher zu Opfern, anstatt die Situation als antizyklischer Investor auszunutzen. Wenn Sie Ihre Investments, Branchen und Zyklen nicht verfolgen wie eine Seifenoper – damit meine ich jeden Tag, jede Woche, jeden Monat –, dann wird es ziemlich schwer, den Gezeitenwechsel mitzubekommen.«

»Da habe ich eine Frage für Sie. Wie erfährt der Durchschnittstyp in Oklahoma oder Virginia von diesen Dingen? Wir reden von Themen und Ideen, von Inflation und Kaufkraft. Das ist alles interessant. Aber was war Ihr glücksbringender Schubser, was hat Sie dazu gebracht, sich mit finanziellen Seifenopern zu beschäftigen?«

»Nun, Doc, wie Sie wissen, ungefähr zu der Zeit, als ich damals an Ihrem alten Haus arbeitete, begann ich in den Aktienmarkt zu stolpern und verlor fast alles, was ich investiert hatte. Eigentlich war es gar nicht viel Geld. Aber damals fühlte es sich an wie ein kleines Vermögen. Und ungefähr zur gleichen Zeit bekam ich meinen glücklichen Schubser, wenn wir es so nennen wollen.«

»Ich kann es kaum erwarten, davon zu hören.«

»Ich habe zu der Zeit in einem Bürohochhaus in der Innenstadt gearbeitet und während dieser Arbeiten hat sich ein Big Shot Investor, ein wahrer Tycoon, mit mir angefreundet. Wir haben uns locker unterhalten über das Leben, Sport, Wochenend-Vergnügungen und das für mich wichtigste Thema – wie man richtig viel Geld macht. Ich habe ihn ganz direkt gefragt, welche Fähigkeiten ich mir aneignen muss, um nicht mehr von 9 bis 5 arbeiten zu müssen. Ich wollte so ein Investor werden, wie er. Er antwortete mir, indem er einen Stift nahm und fünf kurze Sätze auf die Rückseite einer Serviette schrieb, die ich mir übrigens eingerahmt habe.«

»Wie lauten sie? Ich wette, der erste war ›buy low and sell high‹, ha!«

»Nicht schlecht, Doc. Aber ich denke, das ist die Art von Rat, für den man keinen Pfifferling gibt. Hier sind sie, eins bis fünf. Ich schreibe sie Ihnen auf.«

➤ If you pay peanuts you get monkeys.
   Was nix kostet, is nix.

➤ Don't invest in the story on page one; invest in the story on page sixteen that's headed to page one.
   Investiere nicht in die Story auf Seite 1, sondern in die Story auf Seite 16, die zur Story auf Seite 1 wird.

➤ Get a passport and use it.
   Besorge dir einen Pass und nutze ihn.

➤ If you need a pencil and paper, it's too close to call.
   Wenn du Papier und Stift brauchst, wird es zu eng für eine gute Entscheidung.

➤ Surround yourself with the smartest people in the world.
   Umgib dich mit den cleversten Menschen der Welt.

»Nachdem er die Punkte aufgeschrieben hatte, redete er noch kurz über sie und hat sie alle zu einem simplen Rat zusammengefasst.«

»Die Nachrichten von gestern sind nichts wert, also kann man davon auch nicht viel erwarten. Man will großartige Seite-16-Stories, in die man investieren kann. Also was war letztlich der Rat aus allen fünf Ratschlägen?«

»Folge qualitativ hochklassigen, weltbekannten Newsletter Autoren. Überlegen Sie mal, Doc, wenn ich Vorschläge über extrem aussichtsreiche aber noch unbekannte Stories bekommen wollte, wo würde ich sie bekommen? Die Mainstream-Medien kommen weder mit Empfehlungen zu spezialisierten Branchen und innovativen Ideen, noch haben Sie Zugang zu den führenden Experten, die damit zu tun haben.«

»Also erkunden diese Newsletter-Autoren Themen und Ideen für ihre Abonnenten, die – lassen Sie mich raten – keines Papiers und Stifts bedürfen, um die Wert-Proportionen zu ermitteln?«

»Das sind bekannte antizyklische Investoren, Experten in ihrem jeweiligen Spezialgebiet mit dokumentiertem Track Record, die seit zehn, zwanzig oder sogar vierzig Jahren im Markt tätig sind. Sie zeigen in einer einfachen geradlinigen Art Chancen auf, und sie kennen all die berühmten Führungsgrößen und Marktteilnehmer. Das ist es, was er mit ›Umgib Dich mit den cleversten Menschen der Welt‹ meinte. Sie kennen diese Personen nicht, aber berühmte Newsletter-Autoren kennen sie! Wie dem auch sei, diese Newsletter sind nicht günstig und man muss den Inhalt täglich, wöchentlich und monatlich lesen. Und man muss das tun, als würde man einen Klatschroman lesen oder eben eine Seifenoper anschauen.«

»Meine Frau liebte es, diese Seifenopern anzuschauen. Aber dies ist das erste Mal, dass ich das im Zusammenhang mit Finanzen höre. Ich muss zugeben, das ist eine wirklich gute Art zu erklären, wie man aktuell informiert bleibt, bei all dem, was man wissen muss.«

»Eine finanzielle Seifenoper ist der perfekte Vergleich. Wie kann man die Wichtigkeit eines Ereignisses oder einer Entwicklung erkennen, wenn man nicht up to date ist? Das Gleiche gilt für die Seifenoper. Wenn man mitten in die Handlung einer Geschichte springt, die schon seit Monaten oder Jahren läuft und eine Folge schaut und eine Figur stirbt, dann ist das ein große Sache. Aber für Sie hat das keine Bedeutung, weil Sie den Zusammenhang nicht kennen. Aber wenn Sie jeden Tag vorher eingeschaltet hätten, dann wäre das ein immens wichtiges Ereignis.«

»Haben Sie ein Beispiel, das sich auf ein Investment beziehen lässt?«

»Können Sie sich daran erinnern, dass ein Erdbeben in Japan einen Tsunami ausgelöst hat, der das Atomkraftwerk in Fukushima zerstört hat?«

»Natürlich.«

»Es dauerte ein paar Tage, die Bedeutung der Situation voll erfassen zu können. Aber in diesen Tagen und in den Wochen und Monaten nach der Katastrophe ist alles, was nur im Entferntesten mit Atomkraft oder Uran zu tun hatte, vor die Hunde gegangen. Wenn man also nicht up to date war, hat es die Brieftasche übel erwischt.«

»Ok. Das leuchtet ein.«

»Jeden Tag passieren Dinge auf der Welt, die Investments positiv oder negativ beeinflussen. Mein Ziel ist es, mithilfe meiner spezialisierten Newsletter herauszufinden, woher der Wind weht und was sich langfristig nach oben oder unten bewegt, um dann bei offensichtlichen Markteffizienzen zuzuschlagen. Um das tun zu können, brauche ich eine Meinung, meine eigene Meinung – nicht die tausendmal kopierte Meinung eines Anderen – und zwar bestens informiert und recherchiert. Um mir diese Meinung zu bilden, habe ich mir den Rat des Tycoons zu Herzen genommen, verschiedene Newsletter abonniert und begonnen, die Publikationen und Äußerungen dieser Autoren, Experten und berühmten Investoren zu verfolgen. Einige der Jungs schreiben wöchentlich oder monatlich, einige sind günstig, andere unglaublich teuer. Zusammen informieren sie über die meisten Investmentbereiche – und auch darüber, wie die Inflation alle Facetten unseres täglichen Lebens betrifft.«

»Also ging es bei den fünf Tipps auf der Serviette letztlich darum, spezialisierte Newsletter zu abonnieren.« sagte ich. »Aber die Frage ist doch, wie ich die richtigen überhaupt finde. Und wie haben Sie herausgefunden, welcher der Beste ist und welche Branche man verfolgen sollte?«

»Sie sind schon einen Schritt weiter als ich, Doc. Als ich mich am Kopf kratzte, während ich die fünf Tipps zu umreißen versuchte, habe ich die gleiche Frage gestellt. Lustig, der Tycoon hatte erwartet, dass ich auch genau diese Frage stelle und er hatte eine einfache Antwort parat – wenn ich bereit für eine Leistungssteigerung sei, dann müsse ich an einer Weltklasse Conference antizyklischer Investoren teilnehmen. Das Who's Who sei dort vertreten, um meine Due Diligence zu beschleunigen.«

»Also gingen Sie hin?«

»Na klar«, antwortete Johnny. »Ich nahm an einer der renommiertesten und teuersten, wie ich zugeben muss, Konferenzen der Welt teil. Sie war gespickt mit Technologie-Milliardären, Politikern und den meisten der berühmten Newsletter-Autoren, die finanzielle Seifenopern produzieren. Während der viertägigen Veranstaltung konnte ich dreißig von Ihnen bei Ihren Vorträgen zuhören und was noch wichtiger ist, ich konnte mit denjenigen reden, die mich am meisten fasziniert haben. Ich habe auch mit dutzenden, verdammt, vielleicht Hunderten von Teilnehmern über deren Erfahrungen gesprochen. Ebenso mit vielen Autoren, berühmt oder nicht. Und dann war ich bereit für den Kopfsprung.«

»Und dann haben Sie genug verdient, um sich einen Porsche zu kaufen?«

»Auf eine gewisse Art. Sehen Sie, ich bin einer der skeptischsten Menschen der Welt und ich habe deshalb nicht allen Empfehlungen geglaubt. Ich wollte in etwas investieren, das ich selbst ganz genau kannte. Ich begann, die Ideen aus den Newslettern zu dokumentieren und siehe da, nach einem Jahr und Abo-Kosten von 3.000 $ – ich sagte Ihnen, das ist nicht billig – habe ich festgestellt, dass die Autoren, die ich ausgesucht hatte, mit ihren Ansätzen 80 Prozent über dem Durchschnitt lagen. Wenn Sie es sich selbst ausrechnen, und ich weiß, Sie können das, dann übertrifft das fast alle Investmentfonds.«

»Nun, in der Finanzkrise von 2008 war es egal, was man im Portfolio hatte. Alles ging nach unten, richtig nach unten. Sie können mir unmöglich erzählen, dass Sie oder irgendeiner Ihrer klug ratschlagenden Newsletter Autoren das hat kommen sehen!«

»Mitgefangen, mitgehangen. In der Tat ist der gesamte Markt eingebrochen. Es gab einen Ausverkauf über alle Anlageklassen, der fast jedes einzelne Unternehmen auf der Liste betraf. Investoren haben scharenweise solide Aktien auf Ramschniveau verkauft. Es gab selten mehr Angst auf dem Markt, als während dieser Krise. Man hatte wohl den Satz aus der chinesischen Philosophie vergessen: Je größer die Krise, desto größer die Gelegenheit. Anstatt ins Bier zu weinen, war das der beste Zeitpunkt, das geschundene Portfolio auszubalancieren und die klassenbesten Investments aufzusammeln. Und das ist genau das, was wir getan haben.«

»Ok. Geben Sie mir ein Beispiel.«

»Ich erzähle Ihnen von einer Reihe von Ereignissen, deren Entwicklung ich aus kurzer Distanz verfolgen konnte, während ich einer der Empfehlungen meiner Newsletter-Autorenfreunde folgte. Im Herbst 2008 gab es ein Unternehmen, dessen Aktien mit 27 Dollar gehandelt wurden und am Höhepunkt der Kernschmelze auf 4 Dollar eingebrochen waren. Der Clou war, das Unternehmen hatte 4 Dollar in Cash, keine Schulden und, das ist das Wichtigste, 15 Dollar Wert pro Aktie an abgezahlten Anlagen. Es wird noch besser. Wenn das schon darauf hindeutet, dass es sich um eine Kaufgelegenheit handeln könnte, fiel der Aktienkurs noch weiter auf 2 Dollar!«

»Was? Bei null Verschuldung, 4 Dollar in Cash und 15 Dollar in Anlagenwert und die Aktie wurde 50 Prozent unter Cash bei der Bank gehandelt?«

»So ist es. Je größer die Krise, desto größer die Gelegenheit. Die Volatilität, wie wir uns alle erinnern, lag auf historischen Höchstständen. Das bewirkte eine, wie Graham es gepredigt hatte, im Leben nie dagewesene, einmalige Situation. Der langfristig zugrundeliegende Wert, die Werte-Waage, war verzerrt von der kurzfristigen Wahl schockierter Aktionäre, die ihre Aktien einfach fallengelassen haben.«

»Wenn ich also genau diese Seifenoper verfolgt hätte, hätte ich mein Geld verdoppeln können?«

»Verdoppeln? Haben Sie nicht gehört, was ich erklärt habe? Denken Sie an ›mitgegangen, mitgehangen‹. Dieses Unternehmen war der unschuldige Dritte, der zufällig mit im Raum war, als die Polizei das Gebäude umstellte. Es wurde natürlich schnell klar, dass der langfristige Schätzwert sich aus der Summe der Einzelteile plus Cash zusammensetzte, was rund 19 Dollar pro Aktie ergab. Zwölf Monate später wurde die Aktie bei bis zu 18 Dollar gehandelt! Ein 900-Prozent-Gewinn! War das Wetten, geschulte Spekulation, oder, wie ich es gerne nenne, antizyklisches Investieren? Oder war es nur das gute alte Value Investing und das Ausnutzen von Unterschieden zwischen kurzfristiger Panik und langfristig zugrundeliegendem Wert?«

»Schönes Beispiel. Aber für jemanden in meinem Alter scheint das doch ziemlich risikoreich. Abgesehen davon ist nichts falsch daran, in einen ruhigen stabilen Wert zu investieren, der – einfach ausgedrückt – niemals auf null geht. Ich will nicht mit den Gangstern und Hyänen der Wall Street in einen Topf geworfen werden.«

»Sie sind in den Sumpf extremer Volatilität geraten, mit der Investoren im letzten Jahrzehnt konfrontiert sind. Wir haben alle Geld verloren und kein Investor war je gegen Verluste immun. Investoren müssen immer neu abwägen, ausbalancieren und die Weisheit akzeptieren, dass wir uns ändern müssen, wenn die Fakten sich ändern.«

»John Maynard Keynes' berühmtes Zitat – Wenn sich die Fakten ändern, ändere ich meine Meinung, und Sie?«

»Noch mal Bingo!« rief Johnny. Es ist auch nicht verkehrt, konservativ zu sein, wenn man älter wird. Sie sind zwanzig Jahre älter als ich, da ist es sinnvoll, das Risiko runterzufahren. Deshalb ist es für Jemand wie Sie ratsam, ein durchweg diversifiziertes Portfolio zu haben. Regelmäßiges Einkommen ist nur vernünftig und die spekulativere Art des Investierens – ich meine geschulte Spekulation – sollte zurückgehen, wenn man sich dem Ruhestand nähert.«

»Wenn ich also sozusagen die Aktientipps nicht brauche, sollte ich diese Seifenopern verfolgen, um mich vor Fallstricken wie Inflation und Verlust wahrer Kaufkraft zu schützen?«

»Ja, das ist die Basis, die das Vertrauen in alle Aspekte der eigenen Finanzplanung ausmacht. Dennoch meine ich auch, dass ein verantwortungsvoller Teil des Portfolios immer aus einem gut recherchierten antizyklischen Investment bestehen sollte, um vom am längsten andauernden Trend der Geschichte zu profitieren.«

»Und das ist?«

»Der Aufstieg der Menschheit – mehr Menschen konsumieren mehr Dinge.«

»Also ist Konsum sicherlich eines der Themen der finanziellen Seifenopern?«

»Es ist nicht einfach nur Konsum. Ich rechne gerne bestimmte Unterbranchen dazu, ohne die die Gesellschaft nicht leben kann. Wenn es in der Zukunft mehr Menschen geben sollte, und ich bin ziemlich sicher, dass es so kommt, was werden diese Leute dann benötigen?«

»Und Sie kennen die Experten, die einem helfen, solche Unterbranchen zu finden?«

»Natürlich. Und ich habe sie gefunden, indem ich an den verschiedensten Konferenzen teilgenommen habe. Und weil ich durch die antizyklischen Investment-Themen meiner Newsletter up to date bin. Das ist ein Vorteil, den nur wenige durchschnittliche Investoren haben. Wie viele Leute kennen Sie, die durch das halbe Land reisen, nur um an einer Investmentkonferenz teilzunehmen?«

»Ich wüsste noch nicht mal, wo ich die Informationen dazu fände, wenn ich an einer solchen Konferenz teilnehmen wollte.«

»Vielleicht habe ich Glück gehabt. Aber der Punkt ist, 99 Prozent der Bevölkerung sind so beschäftigt, für 25 Cent die Seite-1-Story zu lesen, dass sie gar nicht erwägen, dass es Alternativen geben könnte. Ich habe durch die Teilnahme an diesen Veranstaltungen so viel wertvolles Wissen, Rat und Kontakte sammeln können, dass es sich buchstäblich 100fach bezahlt gemacht hat. Selbst wenn ich an keiner Veranstaltung mehr teilnehmen würde, hätte ich doch das Handwerkszeug, um herauszufinden, was ich zu lesen und wem ich zuzuhören hätte. Durch direkten Kontakt zu Vorständen und berühmten Investoren hatte ich schon ein ganzes Leben lang Zugang zu Bildung und Chancen.«

»Ok Johnny. Ich gebe zu, das ist alles sehr interessant und ich behalte die fünf Tipps auf meinem Schreibtisch. Wenn ich nun mit meiner eigenen finanziellen Seifenoper anfangen wollte, was sollte ich lesen?«

»Nur Sie können die Frage beantworten. Denn Sie sollten nur in Dinge investieren, die Sie kennen und verstehen. Aber ich kann Ihnen vielleicht helfen, den Kreis etwas einzugrenzen. Zu schade – wir werden bis nächsten Samstag warten müssen.«

Und wieder haben wir an eigentlicher Arbeit nichts geschafft. In mir reifte die Idee, dass antizyklisches Investieren zumindest interessanter ist, als mein typisches Babyboomer-Verhalten. Johnnys Ideen und seine Leidenschaft für Investments sind ansteckend. Man merkt, dass er in zehn Jahren am Markt viel gelernt hat. Als ich das Stück Papier auf meinen Schreibtisch legte, fiel mir Nr. 3 auf der Liste auf – der einzige Punkt, über den wir nicht gesprochen hatten. Ich hatte den amüsanten Verdacht, dass ich sehr bald einen Pass brauchen würde.

4

DIE WELT HAT SICH GEÄNDERT

Johnny hatte mich bei unserem ersten Treffen beindruckt. Und als er dann mit einem Sportwagen weggefahren war, den ich mir zwar erlauben könnte, zu kaufen, ich aber nie den Mut gehabt hätte... In meinen Kreisen musste man schon steinreich sein, um so viel sauer verdientes Geld für Prestigekäufe rauszuwerfen.

Er machte mich erneut ziemlich sprachlos bei unserem nicht so produktiven Arbeitstreffen am Samstag – mit einem Wust von Empfehlungen und Einblicken in eine andere Art des Investierens. Ich zählte schon am Dienstag die Stunden bis zu unserem nächsten Treffen. Meine anfängliche Skepsis, wie ein Elektriker zu so einer so erstaunlichen finanziellen Unabhängigkeit gelangen konnte, ließ deutlich nach. Mir imponierten sein breites Grundwissen und die Tipps, die er sich aus vielen Quellen besorgt hatte. Wenn es bei ihm klappt, kann es auch bei mir klappen, dachte ich. Seit wir uns getroffen hatten, habe ich meine Renovierungsplanung auf Turbo beschleunigt. Ich schaffte es, über das Wochenende den gesamten Badezimmerboden zu fliesen und danach den alten Boden aus der Küche in einer einzigen Nacht herauszureißen.

Das war das Einzige, was ich tun konnte, während meine Gedanken nur um die Ideen kreisten, die wir besprochen hatten.

Wenn ich wirklich ein aktiver statt eines passiven Investors werden wollte, dann musste ich mich auf das Fazit unserer Gespräche konzentrieren. Mit welcher Branche oder welchem Thema wollte ich mich beschäftigen? Johnny sagte mir, dass ich bei der Entscheidung, worin ich investieren wolle, immer nah an meiner eigenen Erfahrung oder Expertise bleiben sollte. Oder einfach ausgedrückt: »Schuster, bleib bei Deinen Leisten.«

Möglicherweise sollte ich mich mehr mit Life Sciences oder Biotech beschäftigen. Beide sind wichtig für die Hypothese ›mehr Menschen konsumieren mehr Dinge‹. Ich fragte mich, ob es nicht angenehmer sei, das nächste Treffen mit einem Abendessen zu verbinden, statt uns in meiner halb renovierten Küche zu treffen. Es konnte nicht schaden zu fragen.

Ich muss zugeben, ich hatte ein merkwürdiges Gefühl dabei, dass ein Mann mittleren Alters jemanden, der halb so alt ist und sein Sohn sein könnte, anruft, um mitten in der Woche ein Abendessen zu vereinbaren und über Investments zu sprechen. Ich rief ihn sofort an, bevor ich kalte Füße bekommen konnte.

»What's up, Doc?«, witzelte er.

Ich konnte mir das Lachen bei dieser Bugs-Bunny-Antwort kaum verkneifen. Waren wir schon so gut befreundet?

»Johnny, ich habe über unser Gespräch zu finanziellen Seifenopern nachgedacht. Ich habe ein paar großartige Ideen. Und anstatt einen weiteren Samstag unter dem Vorwand der Renovierung zu verschwenden, dachte ich, wir könnten irgendwo etwas essen gehen und ein Bier trinken. Morgen vielleicht?«

»Gute Idee. Ich sehe schon, das Due-Diligence-Fieber hat Sie schon erfasst.«

»Es ist schwer, sich dagegen zu wehren. Immerhin haben Sie einige meiner Überzeugungen glatt auf den Kopf gestellt.«

»Am Donnerstag kann ich auf ein Bier. Sollen wir uns im Black Camel treffen? Das ist der schicke Laden auf der 6ten und Main neben dem Güterbahnhof. Sagen wir um sieben?«

»Güterbahnhof? Sie meinen das Industriegebiet? Klar. Finde ich. Soll ich meinen Laptop mitbringen?«

»Noch nicht...«

Das war ja ganz einfach. Für einen jungen und erfolgreichen Typen hatte er ziemlich viel Zeit für mich. Aber das war ja gut so. Es war sinnvoll, effizienter mit meiner und seiner Zeit umzugehen. Und ein weiteres Wochenende mit ›El Grande‹ als Hintergrundkulisse war idiotisch.

***

Ein kleiner Punkt, auf den ich stolz war: Ich war in meinem Leben noch nie zu spät gekommen und ich habe noch nie den Snooze-Knopf auf meinem Wecker gedrückt. Nicht ein einziges Mal. Für einen Stau, der jedem mal passieren kann, plane ich immer ein Zeitpolster ein. Das ist eine kleine Marotte, aber sie funktioniert. Also warum daran etwas ändern. Aber als ich in diesen sogenannten schicken Laden kam, der ein wenig aussah wie eine alte Metzgerei, sah ich Johnny schon in der hinteren Ecke auf mich warten. Der Raum war überraschend gut gefüllt und die meisten Gäste sahen so aus, als seien sie kaum einen Tag über dreißig. Als ich mich umsah und die modischen Jeans der Leute bemerkte, kam ich mir mit meiner klassischen Sweater-Khaki-Kombination etwas komisch vor.

»Hey Doc! Hier!«, rief Johnny vom anderen Ende der Bar. Der ganze modern gekleidete Laden verdrehte die Köpfe nach mir.

»Interessantes Fleckchen«, sagte ich, während ich mich setzte und die Blicke ignorierte. »Ich glaube, ich war schon seit mindestens zehn Jahren nicht mehr in dieser Gegend. Es hat sich einiges verändert.«

»Ich trage meinen Teil zur Gentrifizierung der Stadt bei. Jetzt können Sie auch ein Teil davon werden.«

»Erwarten Sie nicht zu viel. An einer Latte schlürfen bei Starbucks ist schon modern genug für mich, und ich habe keine Ahnung, was Sie mit ›Gentrifizierung‹ meinen. Ich hoffe, es ist nicht zu merkwürdig, was immer es ist.«

»Wissen Sie, Gentrifizierung kommt vom französischen *gentrise*.«

»Ach so. Aber ist das nicht etwas Negatives? Ich meine, davon in den Nachrichten immer im Zusammenhang mit Wohnproblemen zu hören.«

»Einige mögen so argumentieren: Weil Sie hier reinkommen und einen Cocktail trinken, kommt es dazu, dass Anwohner der unteren Einkommensklassen verdrängt werden und die Mieten explodieren.«

»Aber lassen Sie mich raten. Sie haben eine alternative Meinung zu dem Thema?«

»Jede Nachbarschaft, in der eine düstere Kneipe das Interesse eines reichen Arztes wie Sie findet, macht wohl etwas richtig.«

»Aber ich kam ja nur hierhin, weil Sie den Ort bestimmt haben.«

»Macht nichts. Nachdem Sie nun mal hier waren, werden Sie wiederkommen, glauben Sie mir.«

Etwas hinter mir hatte Johnny Aufmerksamkeit erregt, und als ich mich umdrehte, sah ich zwei unglaublich attraktive junge Frauen auf uns zukommen. Sie trugen so etwas wie Schaumstoffrollen unter dem Arm.

»Doc, darf ich Ihnen meine Yoga Partnerinnen Tammy und Jenny vorstellen?«

»Yoga? Wow. Natürlich. Nett Euch kennenzulernen, Ladies.«

Das Pärchen setzte sich zu uns und begann, mit professionellem Blick die ellenlange Bierkarte zu studieren.

»Yoga ernährt die Seele, Doc. Wie sonst könnte ich diesen anmutigen Teenager-Körper behalten?«

Ich bestaunte die umwerfenden Yoga-Zwillinge, die noch immer ihr hautenges Trainingsoutfit trugen – es war schwer, nicht motiviert zu werden.

»Wir gehen jeden Donnerstag. Sie sollten nächstes Mal mitkommen«, säuselte die eine »Wir nehmen Ihnen zehn Pfund ab, wenn Sie uns einen Monat Zeit geben.«

»Sie sollten Yoga all Ihren Patienten empfehlen«, sagte die andere. »Hier ist meine Karte. Wir machen Ihnen einen guten Preis.«

»Ok. Wenn Ihr Mädels eine Provision für sowas bekommt, geht es Euch sicher ganz gut.«

»Ein starker Trend, Doc«, brachte sich Johnny ein, der sich offensichtlich bei dieser Szene gut amüsierte. »Und man sollte sich einem Trend nie in den Weg stellen. Ein Trend ist wie eine Parade; sie ist sehr schwer zu organisieren, aber wenn sie mal läuft, will man dabei sein. Muster zu erkennen, das ist es, worum es beim Verfolgen der Seifenopern geht. Diese Mädels hier zum Beispiel sind Tastemakers, sie prägen Stil und Geschmack. Man könnte sie sogar ›Einflussnehmer‹ nennen. Was sie heute tragen, hängt direkt damit zusammen, wohin morgen der Trend geht. Erinnern Sie sich, wie die Lululemon-Aktie performte, als die Yoga-Manie startete«

»Nein. Aber etwas sagt mir, ich wünschte ich hätte... Wohin gehen wir?«

»Ich habe uns einen Tisch im Nebenraum besorgt.«

Als wir uns von den Ladies verabschiedeten, schaute ich mich nochmal im Raum um und war immer noch erstaunt über so viel Betrieb hier im Industriegebiet.

»Also hier verbringen Sie Ihre Freizeit?«

»Ich kann es nicht besser ausdrücken, aber wenn man nur mit Ärzten oder Bankern oder der gleichen Gruppe Leute ausginge, wäre das doch langweilig. Meine Definition von einem großartigen Abendessen oder Sozialleben im Allgemeinen ist, sich mit jeder Facette der Gesellschaft zu umgeben. Dazu gehören Künstler, Gärtner, Geschäftsleute, wer auch immer. Versuchen Sie mal ein gemischtes Dinner für zwölf Leute zu organisieren: Das ist es, was dieser Laden hier für mich bedeutet.«

»Touché. Ich gehe wohl nicht genug aus.«

»Sogar Ray Charles hat das so gesehen, Doc. Deswegen habe ich kein Problem damit, hier mit Ihnen was zu futtern und über Seifenopern zu sprechen. Sagen Sie nur meinen Yoga-Partnerinnen nicht, worüber wir so sprechen, wenn Sie sie im Unterricht sehen«, kicherte Johnny.

Während ich über seine Kommentare lachte, dachte ich daran, wie ich bestmöglich unser Gespräch einleiten könnte. Ich wollte mich selbst mit solidem Wissen präsentieren. Obwohl von Johnnys Fachwissen beeindruckt, war mir die Materie doch noch fremd. Außerdem investiere ich seit dreißig Jahren. Er hatte viel mehr Freiheiten als ich, aber es war nicht mein Fehler, dass ich meinen Beruf als Allgemeinmediziner liebte und nie wirklich in exotische Länder gereist bin.

»Ich habe mich sehr damit beschäftigt, mehr Zeit darauf zu verwenden, wie man sich mit diesen spezielleren Branchen beschäftigen kann«, sagte ich. »Und für mich wäre es das Vernünftigste, etwas zu nehmen, das mit meinem Beruf zu tun hat.«

»Selbstverständlich.«

»Außerdem, Life Sciences und Biotech sind seit Jahrzehnten wichtige Bereiche. Und es gibt für Gesundheit viel Kapital. Die Gesellschaft will älter werden, gesünder leben und für Investoren ist der Bereich attraktiv. So viel zumindest habe ich aus meinen vielen Stunden Business-TV mitgenommen.«

»Prima Start. Und was jetzt?«

»Das wollte ich Sie fragen.«

»Zu Biotech?«

»Ja, kennen Sie irgendwelche renommierten Analysten oder Newsletter-Autoren, die in Biotech spezialisiert sind?«

»Ich bin kein Biotech-Typ. Diese Seifenoper schaue ich nicht.«

»Wie bitte? Das ist nicht das, was Sie letzten Samstag gesagt haben. Sie sagten, Sie gehen auf Weltklasse-Konferenzen und treffen die Besten der Besten. Sie konnten all die Investoren treffen und sie fragen, welche Newsletter sie beziehen, richtig? Sollten Sie da nicht ein paar Biotech-Spezialisten getroffen haben?«

»Bestimmt. Wenn man die richtige Konferenz dafür auswählt.«

»Die richtige Konferenz?«

»Unterschiedliche Mittel für unterschiedliche Zwecke, Doc.«

»Also können Sie mir keinen geraden Weg weisen, wie ich in meiner Branche meine Seifenoper anschauen kann? Jetzt bin ich verwirrt. Dann mal raus mit der Sprache. Worin investieren Sie, Johnny der Elektriker, jetzt gerade? Abgesehen von Inflation beobachten und die Kaufkraft bewahren, welche finanzielle Seifenopern verfolgen Sie?«

»Wie ich schon sagte, ich folge dem längsten Trend der Geschichte.«

»Der Aufstieg der Menschheit, und dass mehr Menschen mehr Dinge konsumieren?«

»Genau. Ich versuche alle Aspekte zu beachten, die damit zu tun haben, dass mehr Menschen mehr Dinge konsumieren. Aber wenn es um das eigentliche Investieren geht, dann investiere ich seit zehn Jahren in das gleiche Thema. Und dieses Thema wird, meiner Meinung nach, auch noch für die nächsten zehn oder zwanzig Jahre relevant sein.«

»Und das wäre?«

»Ich verfolge, und zwar rigoros in aller Konsequenz, die für sich betrachtet größte Migration von Menschen in der Geschichte der Welt. Und ich plane, davon auf großartige Weise zu profitieren.«

»Ist das wirklich eine Branche oder ein netter Name für einen Exchange Traded Investmentfonds?«

»Witzig, Doc. Ich sagte ja schon, dass der längste Trend der Geschichte der Aufstieg der Menschheit ist. Das ist ein Fakt, den keiner negieren kann. Genau jetzt haben 100 Millionen Menschen Sex.«

»Ah, also beschäftigen Sie sich mit Bevölkerungswachstum, Reproduktionsmedizin? Verhütungsindustrie?«

»Oh Mann. Es wird wohl ein paar Minuten in Anspruch nehmen, das zu erklären. Aber ja, Bevölkerungswachstum ist eine der Säulen. Wie auch immer, ein besserer Ausdruck um zu umschreiben, wovon ich rede, ist Demographie.«

»Ok. Ich hole dafür mal Papier und Stift raus. Werden Sie mich mit Fakten überschütten?«

»Meinungen gibt es viele. Also lassen Sie uns bei den Fakten bleiben. Das allumfassende Thema, das jedem Investor helfen sollte, eine sich wandelnde Welt zu verstehen, ist dieses: Man muss die Kräfte demographischer Veränderung begreifen. Und dann verstehen lernen, wie das wiederum alles um uns herum beeinflusst.«

»Und wie wird mir das jetzt helfen, meine Seifenoper in meinem besonderen Bereich zu finden?«

»Der Kern Ihres neugewonnenen Interesses am etwas anderen Investieren ist es, genau zu wissen, wer von Ihrem Thema betroffen ist. Die Welt hat sich verändert und wenn man das nicht akzeptieren will, ist das der Punkt, an dem man ansetzen muss.«

Gerade als mein Enthusiasmus für meine Reise in finanzielle Glückseligkeit weiter zunahm, trat Johnny kurz vor Take-Off in die Eisen. Demographie? Bevölkerungswachstum? Wie die Welt sich verändert? Das letzte Mal, als ich mich damit beschäftigt habe, waren China, Brasilien und die Entwicklungsländer ein Thema, und ja, ich habe schon verstanden, dass sich global einiges veränderte. Aber wie sollte das mein Interesse an den Themen Life Sciences und Biotech betreffen?

»Also, Sie sprechen über Wachstum in China und den Entwicklungsländern?«, fragte ich.

»Die Story von Chinas Aufstieg ist überall schon ausführlich publiziert worden und alle Bullen und Bären, die man im Fernsehen sieht oder über die man liest, haben dazu schon etwas gesagt, richtig?«

»Davon hört man fast täglich und das, solange ich zurückdenken kann. Und nur fürs Protokoll, das ist eine Seite-1-Story, Johnny.«

»Stimmt. Aber waren Sie schon mal in China, Doc?«

»Nein, warum sollte ich?«

»Waren Sie schon mal in Russland? Brasilien? Indonesien? Afrika?«

»Sie kennen die Antwort ja schon. Nein, war ich noch nicht. Aber das hätte mich auch nicht zum Experten gemacht, oder? Ich war mal in Mexiko, und ich kann weder Spanisch, noch wüsste ich etwas über mexikanische Makroökonomie.«

»Es gibt da einen alten Spruch: ›Es ist einfacher einmal zu sehen, als hundert Mal zu hören‹. Das wurde mir nie klarer als bei meiner ersten Zugfahrt durch China. Und ich blieb nicht nur in Peking oder Shanghai, ich war in Tianjin. Dort hat es mich umgehauen beim Anblick des schieren Ausmaßes an wirtschaftlicher Aktivität. Habe Sie überhaupt schon mal von Tianjin gehört, Doc?«

»Nein, habe ich nicht. Aber ich bin gespannt, was dabei so umwerfend war.«

»Zuerst ein paar Grunddaten – Tianjin ist die viertgrößte Stadt in China, im Norden des Gelben Meeres. Die Bevölkerung liegt bei rund vierzehn Millionen. Und das ist nur eine von vielen Megastädten in China. Als ich dort war, habe ich mehr wirtschaftliche Aktivität, das heißt zuerst mal Baukräne gesehen, als irgendwo sonst in den USA. Und ich hatte von der Stadt zuvor noch nie etwas gehört!«

»Moment mal. Der übermäßige Bauboom in China ist bekannt und dass dort enorm viel bewegt wird auch. Die wahre Frage ist doch, was am Ende dieses Baubooms herauskommt. Ich schätze, es wird nichts Gutes sein und bei dem Kater hilft kein Aspirin.«

»Doc, im 18. Jahrhundert wurde Frankreich mehr städtisch als ländlich, eine Entwicklung, die Jahrhunderte gedauert hat. Später passierte das Gleiche in den USA und auch das dauerte rund hundert Jahre. In beiden Beispielen war die Bevölkerung ursprünglich zu 80 Prozent ländlich und zu 20 Prozent städtisch, was sich dann so ziemlich genau umdrehte. Schon 2012 hatte China die 50-Prozent-Grenze überschritten, oder um es anders auszudrücken, etwas über 50 Prozent dieser riesigen und wachsenden Bevölkerung fängt jetzt erst an, städtisch zu leben. Stellen Sie sich das vor, Doc. Da gibt es immer noch sechs oder siebenhundert Millionen Menschen, die an diesem Prozess erst noch teilnehmen werden.«

»Aber das wird weitere hundert Jahre brauchen.«

»Eben nicht. Es stimmt zwar, dass das in den USA ein Jahrhundert dauerte, aber es wird in China – und dem Rest der Entwicklungsländer – nur wenige Dekaden dauern. Chinas erste Migrationswelle von dreihundert Millionen Menschen ereignete sich in den letzten dreißig Jahren – die schnellste industrielle Revolution der Geschichte. Das Tempo des Wechsels um uns herum und die Geschwindigkeit von Informationen kann keine Armee, keine Regierung und keine geistige Kraft zurückhalten – und also auch nicht diese Menschen. Das können Sie auf Ihren Block schreiben.«

»Hab ich«, sagte ich als ich schrieb. »Es gibt keine Arme, keine Regierung und keine geistige Kraft, die diese Menschen zurückhalten kann.«

»Nicht nur, dass globale Bürger schneller zu Konsumenten wie Sie und ich werden als jemals zuvor, die Weltbevölkerung wächst auch in einem nie vorher dagewesenen Maße. Man schätzt, dass die Weltbevölkerung bis zum Jahr 2050 auf beeindruckende neun Milliarden angewachsen sein wird. Es stimmt zwar, dass die Geburtenrate in vielen Ländern rückgängig ist, aber wir sprechen von der nächsten Welle der bereits existierenden Menschen, die sich unserer Konsumgesellschaft in den nächsten Dekaden anschließen werden. Das ist die demographische Verschiebung im Konsumverhalten, von der ich spreche, und die alle Branchen betreffen wird. Genau diese Trends verdienen unsere Aufmerksamkeit und Analyse.«

»Und was ist mit den Geisterstädten, von denen ich gelesen habe?«

»Wenn man sie baut, werden sie kommen. In den 50er Jahren haben die USA die Interstates gebaut, damals das größte öffentlich-rechtliche Bauprojekt der Welt. Schon davor wurden unzählige Infrastruktur-Projekte auf den 9,8 Millionen Quadratkilometern Fläche der USA gebaut. Wenn man Bedenken hat wegen des Entstehens von Geisterstädten, muss man nicht mal weiter gucken als hier in die USA, einem Land geprägt von zahlreichen verwirklichten Megabauprojekten.«

Der Enthusiasmus und die positive Einstellung mit der Johnny diese Fakten mitteilte, war beeindruckend. Ich schätze, ich hatte mir einen gewissen Zynismus hinsichtlich des explosiven Wachstums in China angeeignet, wahrscheinlich ein Nebeneffekt des 24-Stunden Nachrichtenkreislaufs. Er benutzte den Ausdruck: »wie das Lesen eines Klatschromans« oder eben das Schauen einer Seifenoper, um zu beschreiben, wie man die Mikro- und Makrothemen verfolgt. Und er war offensichtlich ein Experte für China, eine seiner wirtschaftlichen Seifenopern. Als ich mich in dieser coolen kleinen Bar umschaute, in die er mich gebracht hatte, fand ich Beispiele für das, was er beschrieben hatte. Aber wusste irgendjemand hier, was in der Welt vor sich ging? Diese Twens wussten genug über Social Media und das Frühstück ihrer Freunde. Aber verfolgten sie auch die Seite-16-Stories oder kannten sie die Preise für nur einen Rohstoff? Ich fühlte mich an das erste Handy erinnert, das ich je benutzt hatte, ein riesiges klobiges Biest, das einem das Ohr abgefackelt hat, wenn man zu lange telefonierte. Es war kaum zu gebrauchen und der Empfang war miserabel.

»Es ist erstaunlich, China hat mit 9,6 Millionen Quadratkilometern fast die gleiche Größe wie die USA, aber mit der rund fünffachen Bevölkerung – das sind 1,35 Milliarden Einwohner«, fuhr Johnny fort. »Können Sie sich vorstellen, dass im ländlichen China noch zweimal die Bevölkerung der USA darauf wartet, an einfachen Lebensstandards teilzuhaben? Und was noch wichtiger ist, zig Millionen Menschen machen sich aus den ländlichen Gegenden in die Städte auf. Haben Sie schon mal gesehen, wie der Film endet?«

»Sie meinen das Frankreich- und USA-Beispiel?«

»Das ist ein globales Phänomen. Es ereignet sich in jedem Wirtschaftssystem. Es ist kein Zufall, dass Bevölkerungen normalerweise erst dann stagnieren, wenn rund 80 Prozent in einem städtischen Umfeld leben. Wenn ich also Geschichten zum übertriebenen Bauboom in China höre, dann schaue ich mir die demographische Verschiebung an, die nur in den letzten dreißig Jahren stattgefunden hat. Lassen Sie mich das noch etwas bildlicher erklären. Man stelle sich vor, wir würden die gesamte Population der USA, gute dreihundert Millionen, an die äußere Ostküste zwischen Boston und Miami umsiedeln. Man stelle sich vor, man müsse dafür die gesamte Infrastruktur entsprechend verstärken und das in nur dreißig Jahren...«

»Ich würde sagen, Sie sind verrückt und dass das nicht möglich ist. Aber in China ist ja genau das passiert.«

»Das ist genau das, was sie seit der späten 70er getan haben. Und sie werden in den nächsten Jahrzehnten fortfahren, das zu tun. Wer wird die Menschen von der größten Migration in der Weltgeschichte abhalten?«

»Lassen Sie mich raten, es gibt keine Armee, keine Regierung und keine geistige Kraft, die sie stoppen könnte.«

»Oder doch, Doc?«

»Sie sagten, das begann vor ein paar Jahrzehnten. Was ist passiert?«

»Wenn man eine einzelne Person auswählen wollte, die den Asiatischen Drachen von der Kette gelassen hat, müsste man wohl Deng Xiaoping nennen, der die chinesische Wirtschaft 1979 übernahm. Er hatte seinen Leuten wirtschaftlichen Mut gegeben nach dem maoistischen Desaster des ›Großen Sprungs nach vorn‹ und der Kulturrevolution. Seitdem wächst das Bruttosozialprodukt um rund 10 Prozent pro Jahr. Stellen Sie sich vor, 1979 gab es nur sechzig private Kraftfahrzeuge in China. Sechzig! Von Christi Geburt bis in die Anfänge des 18. Jahrhunderts war China das wirtschaftliche Kraftwerk der Welt. Die Chinesen haben in den letzten zweihundert Jahren nur ein Nickerchen gemacht und erobern sich jetzt ihre traditionelle Position zurück. Wie könnte irgendjemand gegen 1,35 Milliarden Menschen argumentieren?«

»Sechzig private Autos? Sind Sie sicher?«

»Das ist traurige Realität. China war unglaublich weit zurück nach der Mao-Periode. Wie dem auch sei, in den letzten dreißig Jahren hat China 8 Prozent oder 9 Prozent des Bruttoinlandsprodukts in Infrastruktur investiert. Kein anderes Land der Welt hat das getan. Und damit einhergehend ist seine Wirtschaft um 8 Prozent oder 9 Prozent pro Jahr gewachsen. In den 50er, 60er und 70er Jahren gaben die USA 4 Prozent und mehr des Bruttoinlandsprodukts für Infrastruktur aus, und raten Sie mal, die Wirtschaft wuchs um 4 Prozent und mehr. Derzeit geben wir 2 Prozent für Infrastruktur aus. Was ist unsere Wachstumsrate?«

»2 Prozent?«

»Die Chinesen bauen, und die Menschen aus den ländlichen Gegenden kommen. Die kulturellen Unterschiede zwischen Europa und Amerika sind groß. Aber sie sind noch größer im Vergleich mit China.«

»Geben Sie mir ein Beispiel.«

»Die Symbole der Kultur, die Künste und die großen Häuser in denen sie präsentiert werden, wurden in Europa immer von sozial bis sozialistisch geprägten Regierungen für die Bürger errichtet. In Amerika gab es immer eine Pflicht zur bürgerlichen Betätigung oder zu bestimmter philanthropischer Initiative, die zum Bau der großen Museen und Kulturtempel führte. Dagegen denkt man in Chinas Planwirtschaft in den größtmöglichen Maßstäben, in ambitionierten Fünf-Jahres-Plänen, um ganze Städte für die zukünftigen Bewohner anzulegen. Das hat es in der Menschheitsgeschichte vorher nie gegeben.«

»Johnny, ich werde dem nicht widersprechen. Es sind eine Menge Menschen und das Wachstum ist atemberaubend. Aber die große Mehrheit auch derer, die in die Städte ziehen, ist arm.«

»Lassen Sie uns kurz über Armut sprechen. Ich muss Bill und Melinda Gates zugutehalten, dass sie ein großartiges Essay geschrieben haben, der drei Mythen bezüglich der Armen der Welt anspricht. Mythos Nummer eins war, dass arme Länder dazu verdammt sind arm zu bleiben. Sie argumentieren, dass das nicht der Fall ist und ich muss ihnen zustimmen. Wenn man bedenkt, dass sie den größten Teil ihres Reichtums weitergeben, so wie Warren Buffett, um die Armut in der Welt zu bekämpfen, dann kann man die Beiden als Experten auf dem Gebiet des Fortschritts in Entwicklungsländern bezeichnen. Sie sagen voraus, dass es bis zum Jahr 2035 keine armen Länder mehr geben wird. Sicher, es werden ein paar unglückliche Länder auf der Strecke bleiben, die von politischen Systemen oder Krieg zurückgehalten wurden. Aber bis dahin werden 70 Prozent der Welt ein höheres Pro-Kopf-Einkommen haben als im China dieser Tage. Das ist schon mal eine eindrucksvolle Zahl.«

»Was ist Mythos Nummer zwei?«

»Mythos Nummer zwei über die Armen ist, dass Entwicklungshilfe eine Verschwendung sei. Es stimmt, dass es Korruption gibt. Aber der Großteil der Gelder hilft tatsächlich große Probleme zu lösen. Deutliche Beweise sprechen dafür, dass mehr und mehr Menschen gesünder leben und auch länger. Ein 1960 geborenes Baby hatte eine 18-Prozent-Chance, vor seinem fünften Geburtstag zu sterben; heute sind es weniger als 5 Prozent. 2035 werden es 1,6 Prozent sein. Das ist ein immens großer Fortschritt in nur 25 Jahren. Stellen Sie sich also die Konsequenzen vor, wenn wir in naher Zukunft auf die 9 Milliarden Menschen Marke zusteuern. Zuletzt Mythos Nummer drei, Menschenleben retten führe zur Überbevölkerung.«

»Das ist ein ziemlich wichtiger Punkt, was die Seifenopern angeht, die ich verfolgen will.«

»Lassen Sie uns die Fakten betrachten – so wie die Lebenserwartung steigt, fangen Gesellschaften an, weniger Kinder zu bekommen. Fallende Sterberaten führen tatsächlich zu fallenden Geburtenraten, denn glücklichere gesündere Familien brauchen nicht so viele Kinder zu haben. Das haben wir schon aus allen Kulturen von allen Teilen des Planeten gesehen. Also führt das Retten von Leben nicht zur Überbevölkerung. Bevölkerungswachstum, der längste Trend der Geschichte, ist eine natürliche Erscheinung.«

»Der längste Trend in der Geschichte ist der Aufstieg der Menschheit«, sagte ich.

»Nochmal Bingo. Ob sich das nach 2050 hin zu fallenden Geburtenraten ändert, betrifft meine finanziellen Entscheidungen der nächsten fünf bis zehn Jahre nicht. Es dauerte rund zwanzig Jahre, die letzten fünfhundert Millionen Menschen aus der Armut zu lösen. Was überraschen mag, für die fünfhundert Millionen davor brauchte es hundert Jahre. Wie lange wird es für die nächsten fünfhundert Millionen dauern? Vielleicht nur ein Jahrzehnt. Das ist innerhalb meines Investmenthorizonts und interessant für jeden Investor mit einem ähnlichen mittelfristigen Horizont. Und was passiert dann, wenn diese fünfhundert Millionen Menschen die Armut hinter sich lassen? Die fangen an,

›Zeug‹ zu konsumieren, so wie Sie und ich. Egal wie Sie's drehen und wenden, es wird mehr Menschen geben, die mehr Dinge konsumieren. Und das ist das übergreifende Thema, das jeder Investor verfolgen sollte. Denn woher kommt all dieses Zeug?«

»Sie erfahren den ganzen Kram zum menschlichen Fortschritt aus dem Internet, richtig? Wie können Sie sicher sein, dass die Fakten verlässlich sind?«

»Das Internet ist eine unglaubliche Quelle für so viele Up-to-date-Informationen. Und es stimmt, es gibt viel falsche oder irreführende Informationen. Um mich selbst abzusichern, verlasse ich mich auf die harte Arbeit und die Recherche von führenden Philanthropen wie Gates und anderen kritischen Denkern.«

»Wie Sie schon wissen, bin ich kein großer Internetsurfer. Aber es scheint mir sinnvoll, sich einige Seiten zu bookmarken, die beste Inhalte für objektive Entscheidungsprozesse bieten.«

»Bill Gates hat das klar gesagt. Er will, dass die Menschen die Nachricht über die Linderung der Armut verbreiten. Sein Blog, *gatesnotes*, versammelt unzählige Fakten, Meinungen und interaktive Videos, die wirkliche Lösungen und logische Erkenntnisse zum Thema bieten.«

»Das ist etwas, was mich immer verwirrt und irritiert hat. Die direkt gegensätzlichen Meinungen von verschiedenen Gruppen und Organisationen, offensichtlich voreingenommen, sind unveränderlich, egal mit welchen Fakten man sie konfrontiert.«

»Sollte man nicht gerade deshalb eine flexible Meinung haben? Der größte Vorteil, wenn man Bill Gates folgt, ist die unabhängige, ergebnisorientierte Fortbildung, die er seinen Millionen Lesern überall auf der Welt anbieten will. Ich persönlich will mir nicht von jemand vom anderen Ende der Welt sagen lassen, was richtig oder falsch ist.«

»Wer würde das wollen? Ich glaube, die meisten Menschen wollen sich ihre eigene Meinung bilden.«

Mich überkam eine schockierende Erkenntnis, denn in diesem Moment wurde mir klar, wie drastisch die Welt sich verändert hatte und sich weiter veränderte. Das Ausmaß ist extrem: Was mal ein Jahrhundert dauerte, passiert jetzt in nur einem Jahrzehnt. Ich glaube, ich habe mir einen schönen Babyboomer-Kokon gebaut, der mich von all dieser Veränderung isoliert hat. Je mehr ich Johnny zuhörte, wie er diese Dinge aufschlüsselte, desto relevanter fühlten sie sich an. Ich wusste, dass ich daran teilnehmen wollte.

Ich hatte mir noch nicht einmal über die »Implikationen des Zeugs« von dem er sprach, Gedanken gemacht. Und es war überall um uns herum, im Essen, das wir aßen, im Gebäude, in dem wir saßen, oder als Smartphone in den Händen fast aller Leute in dieser Bar. Wir lebten in einer Welt, in der Technologie sich mit halsbrecherischer Geschwindigkeit in jedem Moment unseres Lebens weiterentwickelte. Die meisten Leute im Raum waren sich über die vorangegangene Ära gar nicht klar, einer Ära, in der alte Käuze wie ich mit ausgemusterter Technologie rumfummelten – wie fast nutzlose Autotelefone und davor Telefone mit Wählscheibe. Der Fortschritt, den sie miterlebten, war fließend und natürlich, bis zu einem Punkt, an dem gigantische Sprünge gewöhnlich wurden. Man muss sich wirklich wundern, welche Headlines mit unsinnigen Informationen die Medien verschmutzen. Das ist vielleicht etwas für BWL-Studenten, kann aber nicht davon ablenken, welch eigentlicher Fortschritt rund um die Welt stattfindet.

Es war erfrischend daran erinnert zu werden, dass einige der reichsten Menschen sich selbstlos dazu verschrieben hatten, merkliche Veränderungen zu bewirken. Indem man jedem Bürger in der Welt das Handwerkzeug gibt, sich seine eigene Meinung zu bilden, hat man diese Veränderung schon angestoßen. Wir sollten dies zu schätzen wissen und achten.

5

ALLES BRAUCHT STROM

Eine Woche war vergangen, seitdem Johnny und ich uns zwischendurch getroffen hatten. Inzwischen hatte ich das Base Camp am ›El Grande‹ errichtet. Um das Haus in Ordnung zu bringen, wörtlich und in übertragenem Sinne, habe ich zuerst die veraltete Hauselektronik-Steuerung auf *Craigslist* verkauft. Das war das erste Mal überhaupt, dass ich etwas über das Internet verkauft habe. Zu meiner Überraschung war es eine spaßige Erfahrung. Ich habe zwar einen Verlust einstecken müssen, was mein ursprüngliches »Investment« angeht, aber es ging ja auch nicht um Geld sondern um Modernisierung.

Nach ein paar Stunden Internetrecherche fand ich eine raffinierte Hauselektronik-Steuerung, die sich vermeintlich auch einfach aufbauen ließ. Sie hatte kleine eigenständige Einheiten, die man in die Steckdose stecken konnte, sodass man automatisch Kaffee machen konnte, bevor man aufgestanden war. Automatische Jalousien, sprachaktivierte Thermostate, was auch immer. Es gab sogar eine App, die mit dem Kühlschrank zusammenarbeitete, sodass man eine Nachricht bekommt, wenn die Eier zur Neige zu gehen. Nachdem ich einen Plan für die »Futurisierung« meines Hauses erstellt hatte, gönnte ich mir noch ein schickes Beleuchtungssystem, das ausschließlich von einer Smartphone-App zu steuern war. Ich freute mich richtig darauf, Johnny meine neu gewonnene Technikkompetenz bei unserem nächsten Treffen vorführen zu können. Er kam direkt rein, wie immer ohne Klopfen, um exakt acht Uhr, wie geplant. Er war nie zu spät. Ich bewunderte das, weil es Verlässlichkeit ausstrahlte und mich an mich selbst erinnerte.

»Guten Morgen, Doc, Cappuccino?«, fragte er. »Ich dachte zur Abwechslung gönnen Sie sich mal ein Gourmet Getränk.«

»Wollen Sie mir jetzt noch sagen, dass sogar mein Kaffeegeschmack veraltet ist?«, schmunzelte ich. Während er mir den Becher reichte, führte ich ihn in die Küche, in der ich schon einen ganzen Satz neuer Glühbirnen installiert hatte.

»Nun, lassen Sie mich etwas die Stimmung verändern«, sagte ich und zog mein Handy aus der Tasche und lud die App hoch, mit der ich das Licht von gleißend weiß zu einem warmen schimmernden Gelb dimmen konnte.

»Wow. Schöne Beleuchtung. Wie haben Sie das denn hingekriegt?«

»Das war sogar ziemlich einfach. Das sind Smart Lights, so smart, dass sogar ein Babyboomer wie ich damit klar kommt.«

»Schau sich das einer an. In gut einer Woche haben Sie sich vom Ahab der überflüssigen Verkabelung zu einem Technik-Streber entwickelt.«

»Nach unserer Diskussion zur großen Migration habe ich mir ein paar Gedanken zu den Auswirkungen gemacht.«

»Fantastisch. Es freut mich, dass Sie diese Informationen so aufsaugen.«

»Lassen Sie uns ein wenig über das schiere Ausmaß der Verschiebung sprechen und überlegen, ob diese Menschen anfangen, Zeug zu kaufen, wie wir besprochen haben. Gerade als ich das Zeug für die Verwirklichung meines Automatisierungstraums gekauft habe, habe ich über dieses Zeug ein wenig nachgedacht. Dann war da noch unser Gespräch über die Zutaten eines Big Mac, was ja auch Zeug ist. Sollte man das nicht bezüglich einer finanziellen Seifenoper näher verfolgen?«

»Nun, Zeug ist überall«, sagte Johnny während er sich im Raum umsah. »Diese Glühbirnen sind natürlich Zeug, sehr weit entwickeltes Zeug, aber immer noch Zeug. Aber hier meine Frage – wann waren Sie zum letzten Mal hungrig, oder durstig oder brauchten ein Dach über dem Kopf?«

»Nun, hoffentlich...«

»Moment. Zeug da unten?«

»Was denken Sie, wo alles herkommt? Die Erde, das ist woher. Rohstoffe machen alles um uns herum erst möglich. Die Frage ist: Wer stellt uns diese Rohstoffe zur Verfügung?«

»Ok. Verstehe. Stahl, Beton, Holz, Nahrungsmittel, was auch immer. Kommt alles von der Erde.«

»Erinnern Sie sich daran, dass ich sagte, ich sei der glücklichste Typ der Welt, als ich in Ihrem Büro war? Ich hatte sogar so viel Glück, dass ich dreimal im Lotto gewonnen habe. Zufällig!«

»Sie alter Gauner...das ist es also, wie Sie es geschafft haben. Warum haben Sie nicht gleich gesagt, dass Sie ein Lottogewinner sind? Dreimal? Das ist ja unglaublich.«

»Entspannen Sie sich, Doc. Ich meinte das nicht wörtlich, also nicht zweimal Mittwochsziehung und einmal Samstagsziehung. Ich meinte, dass ich damit gesegnet war, am richtigen Ort zum genau richtigen Zeitpunkt geboren zu sein und aus Glück oder Gelegenheit auch noch den ultimativen Beruf gewählt habe, der mir erlaubte, das Ausmaß der größten Migration der Menschheitsgeschichte erkennen zu können.«

»Ich habe schon viele Märchen gehört, mein Junge. Aber dieses hier ist ganz speziell. Über was zum Teufel sprechen Sie? Nur weil Sie Elektriker im Pazifischen Nordosten geworden sind, und weil das Anfang der 90er geschah, glauben Sie, dreimal im Lotto gewonnen zu haben? Das müssen Sie mir wohl erklären.«

»Haben Sie Malcolm Gladwells brillantes Buch ›Überflieger‹ gelesen? Man könnte sagen, ich sei so ein ›Überflieger‹. Aber lassen Sie mich das erklären.«

»Das ist ein großartiges Buch. Wie kommen Sie argumentativ über drei Lottogewinne zum Überflieger? Ich bin ganz Ohr.«

»Zuerst einmal, Überflieger, wie wir beide wissen, nennt man Menschen, die Experten sind in ihrem Bereich oder etwas besser machen als andere, Menschen, die herausragen. Die meisten dieser Leute haben 10.000 Stunden Erfahrung und viele wurden zur rechten Zeit am rechten Ort geboren. So wie der Pilot, der sein Flugzeug auf dem Hudson River notgelandet hat. Er hatte mehr als 10.000 Stunden Erfahrung. Oder die Beatles, die nicht nur 10.000 Stunden Erfahrung hatten, sondern zur rechten Zeit auch am rechten Ort waren.«

»Und wo passen Sie da rein?«

»In den 90ern fand in den USA eine technische Revolution statt. Die meisten der großen Technologieunternehmen unserer Zeit wurden in Seattle und San Francisco in den 70ern und 80ern gegründet, aber es dauerte bis in die 90er, bis sie aufblühten. All diese neuen Technologien hatten einen eingebauten Turbo, als die Regierungen rund um die Welt die Telekommunikationsbranche deregulierten und gleichzeitig das Computerzeitalter so richtig begann. Das war der Zeitpunkt, als fast jeder Haushalt der entwickelten Welt seinen ersten Personal-Computer anschaffte.«

»Als Windows 95 herauskam, war ich einer der ersten Idioten, die sich in die Schlange vor dem Laden gestellt haben, um möglichst schnell mein Software-Paket zu bekommen. Das war übrigens das gleiche Jahr, in dem ich Microsoft Aktien gekauft habe«, sagte ich.

»Nicht nur die Computer-Revolution, auch der Ausbau der Mobilfunk-Kommunikation beschleunigte sich. Wer hatte 1990 ein Handy?«

»Fast keiner.«

»Und wer hatte im Jahr 2000 ein Handy?«

»Jeder, einschließlich einiger nerviger 10-Jähriger aus meiner Nachbarschaft.«

»Wer hat dafür die ganze Infrastruktur errichtet? Wo funktionierten Handys? Gerade als der Mobilfunk ausgebaut wurde, explodierte das World Wide Web oder was wir heute das Internet nennen. Und wie Sie wissen, wird Seattle oft die Hauptstadt des Internetzeitalters genannt.«

»Worauf auch jeder im Pazifischen Nordwesten stolz ist.«

»Das sind wir in der Tat. Und jeder, der Anfang oder Mitte der 70er geboren war, schloss Anfang oder Mitte der 90er das Universitätsstudium ab, richtig? Sehen Sie, worauf ich hinaus will mit am rechten Ort zur rechten Zeit?«

»Na gut. Sie haben also in einer Position gearbeitet, in der Sie diese Entwicklungen mitbekommen haben. Aber was hat das alles zu tun mit Zeug? Ich tue mich schwer damit eine Verbindung herzustellen zwischen dem Elektriker, dem Lottogewinn und dem Überflieger.«

»Das war der größte Lottogewinn von allen. Wenn es stimmt, dass Tausende von Menschen einen großartigen neuen Job in diesen Bereichen in Seattle, im Silicon Valley und woanders fanden, konnte nur ein Elektriker, der quasi täglich beide Enden dieser Technologie in der Hand hielt, die ›doppelte‹ Gelegenheit erkennen. Und genau weil der Elektriker direkt zwischen Seattle, der Hauptstadt der Technologie und Vancouver, der Hauptstadt des ›Zeugs‹ lebte, konnte er alle Punkte von A bis Z miteinander verbinden.«

»Ich kann Ihnen nicht folgen, Johnny. Was hat Vancouver mit Zeug zu tun? Worüber genau sprechen wir hier?«

»Ich meine Rohstoffe – was Software und Technologie für Seattle und San Francisco, sind Rohstoffe, die Grundbausteine für Zeug, für Vancouver, die Hauptstadt für Unternehmen, die nach Rohstoffen suchen oder solche dem Endverbraucher anbieten.«

»Ok. Jetzt verstehe ich. Die Hauptsitze dieser Rohstoffunternehmen liegen in Vancouver. Aber lassen Sie uns die Bedeutung der drei Lottogewinne noch mal angehen.«

»Bleiben Sie dran. Zwischen 1992 und 2002 habe ich als Elektriker viele Aufträge erledigt. Und ich war nicht der übliche Strippenzieher. Ich habe Zeug in Telekommunikationszentren ein- und ausgebaut, für Internetunternehmen, Mobilfunkunternehmen, alles, was einen Draht haben musste. Inmitten der ganzen Überstunden, die übrigens durch Auftraggeber wie Sie bezahlt wurden, habe ich einen ganzen Sommer damit verbracht, durch das wundervolle British Columbia zu reisen. Und da hatte ich den Heureka-Moment, der meinen Lebensweg verändern würde.«

»Lassen Sie mich raten. Sie stellten fest, dass Sie es hassten, Elektriker zu sein.«

»Nicht mal annähernd. Mein Arbeitskollege und ich befanden uns auf der Spitze eines Berges irgendwo im Nirgendwo. Es dauerte eineinhalb Stunden, über einen schmalen Serpentinenweg diese entlegene winzige Technologie-Enklave zu erreichen, ein kleiner Außenposten der Zukunft vor einem Hintergrund wilder Wälder und schroffer Berge. Wir hatten im Laufe des Sommers Dutzende kleinerer Städtchen besucht, als es mich plötzlich traf, wie ein Blitz aus heiterem Himmel.«

»Was ist passiert? Kam ein Bär aus dem Wald gesprungen? Hat Ihnen ein Adler auf den Kopf geschissen?«

»Sehr witzig. Der Heureka-Moment bestand darin, dass der ganze Planet drahtlos war oder es bald werden würde. Wir waren hundert Kilometer von der nächsten Stadt entfernt und konnten im Internet surfen oder für ein paar Cents unsere Großmutter im ländlichen Indien anrufen. Und das Ganze ging aus der Behaglichkeit einer klimatisierten Unterkunft. Diese Technologieentwicklung vollzog sich in nur wenigen Jahren. Was würde dann in den nächsten fünf Jahren passieren oder in den nächsten zehn? Im Verlauf der nächsten Generation? Und, was am wichtigsten war: Was machte all das möglich?«

»Na gut. Also passierte es schnell. Wollen Sie sagen, die Entwicklung hat alle unerwartet getroffen? Die dot.com-Bombe kam auch verdammt schnell. Worauf wollen Sie hinaus?«

»Die Geschwindigkeit des Technologiefortschritts verdoppelt und verdreifacht sich und entwickelt sich in rasendem Tempo. Es ist billiger denn je, um die Welt zu fliegen und es kostet fast nichts mehr, Ferngespräche jederzeit überall hin zu führen. Wir befinden uns in einer der spannendsten Perioden der Menschheitsgeschichte. Stellen Sie sich vor, wir nähmen jedes Handy, iPad, das Internet und alle E-Mails weg. Das würde uns in das Mittelalter von 1990 zurückversetzen! Computerkapazitäten ersetzen Gehirnkapazitäten und wie weit diese Entwicklung der Menschheit noch geht, ist noch völlig unbekannt. Wenn man aus der Geschichte ein wenig Hilfe zum besseren Verständnis heranziehen will, dann sollte man auf die Bedeutung der Industriellen

Revolution vor über einem Jahrhundert blicken, als Maschinenkraft die Muskelkraft ersetzt hat und das Automobil das Pferd.«

Geschichte war immer eine Lieblingsbeschäftigung von mir, ob in Buchform oder als Fernsehprogramm. In meinen jungen Jahren war es Sport und dann, als meine Vorliebe für Heimwerkerei nachließ, waren es die Finanzsendungen. Aber als Konstante blieben immer die Seattle Mariners und Geschichte. Ich glaube auch daran, dass Geschichte sich wiederholen kann und dass der beschleunigte Informationstransfer und der Technologiefortschritt Hand in Hand gehen. Alles geschah aber so schnell dieser Tage und ich war sicherlich nicht mehr auf dem Laufenden. Ich war als Technologie-Dinosaurier bloßgestellt.

»Hab ich verstanden«, sagte ich. »Die drahtlose Revolution ist das 21. Jahrhundert Gegenstück dazu, wie Telegraph und Telefon die Informationsübermittlung am Ende des 19. Jahrhunderts beschleunigte – um Lichtjahre.«

»Ja, aber es geht noch viel weiter. Lassen Sie uns ein weiteres Beispiel benutzen, um zu zeigen, wie schnell Technologie sich verändern kann und was das danach für Auswirkungen hat. Stellen Sie sich vor, Sie seien 1900 geboren worden und welchen Fortschritt Sie dann mitbekommen hätten. Fliegen, Autos, Autobahnen, der ersten Mensch auf dem Mond, das Mobiltelefon! 1903 flogen die Brüder Wright das erste Flugzeug und 1918, Ende des Ersten Weltkriegs, hatten die Armeen bereits ganze Flotten von fliegenden Waffen. Als Henry Ford das erste in Massenproduktion gefertigte Auto baute, dauerte es nur zehn Jahre, um die Fließbandproduktion zu perfektionieren. Es dauerte dann nur noch dreiundneunzig Minuten, um ein Auto zu produzieren.«

»Sogar vor hundert Jahren hat sich der Technologievorsprung in einem einzigen Jahrhundert verdoppelt.«

»Auf der Weltausstellung in Paris 1900 wurde die Elektrizität vorgestellt und wie sie unser Leben vereinfachen würde. Während der ersten Jahre des 20. Jahrhunderts wurde die ganze Welt elektrifiziert. Das verursachte einen Industrieboom in Amerika, Europa und rund um die Welt, der bis zum heutigen Tage keinen einzigen Moment unterbrochen wurde. Vor hundert Jahren konnte sich Technologie innerhalb eines Jahrzehnts grundlegend verändern. Heute sind es achtzehn Monate oder weniger. Und alles, was man braucht, um das möglich zu machen, ist ein Elektriker. Lassen Sie uns noch mal auf das Telefon eingehen, eine Erfindung, die erstmal an der Schwelle zum 20. Jahrhundert auf den Markt kam. In nur einer Generation entwickelte es sich von einem groben an der Wand hängenden Klotz zum beliebtesten am weitesten einsetzbaren Gadget der Welt. – Ein Technologiewunder so brillant, dass wir es nie ausschalten und immer bei uns haben. Stellen Sie sich vor, der kleine Computer in unserem Handy ist leistungsstärker als der, der die Apollo-Weltraum-Mission unterstützt hat!«

»Na gut. Also finden Veränderungen in Überschallgeschwindigkeit statt, verstanden. Und es ist für Investoren sinnvoll, diese Veränderungen zu verfolgen. Aber wir schweifen ein wenig von Thema ab. Sie haben die Geschichte von Ihrem Heureka-Moment noch nicht beendet. Ich habe das Gefühl, dass Ihre Entscheidung Elektriker zu werden, der wichtigste der sogenannten Lottogewinne war. Denn damit alle diese Dinge funktionieren, braucht man einen Elektriker.«

»Als ich auf der Bergspitze saß und die Erleuchtung dieser enormen Veränderung über mich hereinbrach, verbanden sich alle Punkte zur Basis meiner Zukunftsplanung. Aus all dem ›Zeug‹, ob es ein ›Wollen‹ oder ein ›Brauchen‹ war, hing ein Kabel. Vor dreißig Jahren gab es in einem durchschnittlichen US-amerikanischen Haushalt nur ein paar Elektrogeräte. Heute sind es zwanzig, dreißig und mehr Geräte, die wir kaufen und die nicht funktionieren, wenn sie nicht irgendwo eingestöpselt sind oder aufgeladen werden. Das Gleiche gilt für die Entwicklungsländer. Wo Menschen vom ländlichen zum städtischen Leben wechseln, wird ihr Leben elektrifiziert.«

»Der durchschnittliche Haushalt in China wird auch zwanzig oder dreißig dieser ›Wollen‹ und ›Brauchen‹ bekommen. Das, nehme ich an, ist nur ein anderer Ausdruck für ›Zeug‹?«

»Laut Statistiken befinden sich in einem vollständig urbanisierten Haushalt in China, Thailand oder Mexiko genauso viele Elektrogeräte wie in den entwickelten Industrienationen. Man kann das am tatsächlich gemessenen Stromverbrauch ablesen. Die International Energy Agency sagt, dass der Stromverbrauch in den USA zwar noch steigt, er aber in den Entwicklungsländern viel stärker steigt, weil mehr Menschen mehr stromfressende Dinge konsumieren. Die meisten Menschen auf diesem Planeten leben rund um den Äquator, wo es wirklich heiß ist. Also, sobald die Leute da ein bisschen mehr Geld in der Tasche haben, kaufen sie sich Dinge wie Kühlschränke und Klimaanlangen, zwei der größten Stromfresser in jedem Haushalt. Sie haben wahrscheinlich noch nie über die Auswirkungen von Klimaanlagen nachgedacht. Aber lassen Sie sich gesagt sein, das ist eine Technologie, die fast so revolutionär ist wie das Auto, wenn nicht sogar revolutionärer. Jeder moderne Trend, der das moderne Leben prägt, kann auf die Ausbreitung der Klimaanlage zurückgeführt werden.«

»Genau... Ist das der Teil, in dem Sie zugeben, eigentlich Klimaanlagen zu verkaufen?«

»Doc, setzen Sie Ihre Denkkappe wieder auf. Die USA verbrauchen so viel Energie für Klimaanlagen, was eher ein ›Wollen‹ als ein ›Brauchen‹ ist, wie der gesamte afrikanische Kontinent für Alles. Stellen Sie sich vor in Nevada, Arizona oder New Mexico ohne Klimaanlage zu leben. Man könnte das moderne Leben nicht aufrechterhalten. Die Tatsache, dass Millionen Menschen überhaupt in diesem Sonnengürtel leben können, verdanken wir Klimaanlagen. Und hey, Sie sind der Arzt und wissen das besser als ich, die Empfängnisbereitschaft sinkt bei hohen Temperaturen und kühlere Temperaturen verlängern die Spermalebensdauer, richtig?«

»Nun, da müsste ich meine Fachbücher rauskramen. Aber ich glaube, das stimmt.«

»Ich meine, dass die Erfindung der Klimaanlage einen enormen Einfluss auf das menschliche Leben hat, nicht nur wegen des Komforts, sondern in jeder Hinsicht. Und je wärmer unser Planet wird, desto mehr brauchen wir Klimaanlagen. Wenn wir erkennen, wie sehr Klimaanlagen das Leben in Amerika beeinflusst haben, wie wichtig wird das dann für China und Indien? Sie können Ihren letzten Cent verwetten, dass das für die Menschen dort genauso wichtig ist wie für uns.«

»Und wir sollten nicht die anderen Annehmlichkeiten vergessen, zum Beispiel solche, die Frauen zu mehr Emanzipation verholfen haben.«

»Die Waschmaschine zum Beispiel.«

»Man kann sich gar nicht mehr vorstellen, was es bedeuten würde, diese vermeintlich einfache Tätigkeit nicht durch eine Maschine ausführen zu lassen. Wir packen sie voll, drücken einen Knopf und machen mit einem produktiven Tag weiter. Was würden wir ohne tun?«

»Ich weiß, dass die Waschmaschine eine der größten Erfindungen der Industriellen Revolution genannt wird.«

»Was die Milliarden Menschen angeht, die noch auf traditionelle Art waschen: Sie müssen das Wasser erschließen, wenn möglich erhitzen, waschen und das gewöhnlich in gewisser räumlicher Distanz zum Haus... Das ist genau die Definition von signifikantem Aufwand mit null Produktivität. Das bringt mich zum zweiten Teil meines Heureka-Moments, der Frage, wie wir alle die Dinge, aus denen ein Kabel hängt, mit Strom versorgen. Wo kommt die ganze Elektrizität her, die diese Technologie und das unhaltbare Wachstum versorgt und wo wird sie in der Zukunft herkommen? Schon seit der Weltausstellung in Paris hat die Gesellschaft kontinuierlich immer mehr Energie verbraucht. Wir kaufen Dinge, die nur mit Energie funktionieren, die wiederum von dem Punkt ihrer Produktion zum Konsumenten transportiert werden muss.«

»Mehr Menschen konsumieren mehr Dinge und dazu gehört auch Elektrizität.«

»Volltreffer, Doc. Homerun. Jetzt lassen Sie uns die Ehrenrunde drehen. Energie bedeutet Elektrizität und Elektrizität benötigt eine Sache, die sie erst ermöglicht. Erraten Sie was?«

»Öl? Kohle? Uran? Gas? Die würden alle funktionieren. Ich gebe auf. Was ist die eine wichtigste Sache, um Elektrizität zu machen?«

»Kupfer! Das rote Metall ist die eine gemeinsame Konstante, egal, wie Elektrizität produziert wird. Öl, Kohle, Uran oder Gas benötigt man, um Energie zu gewinnen, und Energie ist gleich Elektrizität, aber Elektrizität benötigt Kupfer! Bei fossilen Brennstoffen in Kraftfahrzeugen gehen wir einen Umweg. Wir müssen in Autos auch Elektrizität erzeugen und wir müssen tanken, was auch Elektrizität benötigt. Und auch das benötigt Kupfer!«

»Und Sie sind in Sachen Kupfer Experte, weil Sie Elektriker waren?«

»Wer sonst sollte das besser verstehen? Und die Zukunft? Worüber redet jeder, wenn es um Energiegewinnung geht?«

»Erneuerbare Energien, Sonnenenergie und Windenergie.«

»Und nichts davon ist möglich ohne Kupfer. Das ist zu 100 Prozent die gemeinsame Konstante. Um ehrlich zu sein, wenn ich den Wendepunkt in meinem Leben ganz genau bestimmen wollte, dann war das, als ich wirklich alles über das rote Metall wissen wollte. Ich war besessen davon, alle denkbaren Fakten darüber zu erfahren.

So also gewann ich dreimal im Lotto – das erste Mal, weil meine Karriere in den 90ern anfing, zu einer Zeit eines unglaublichen technischen

Fortschritts. Zum zweiten Mal, weil ich mich entschloss, Elektriker zu werden, der die Bedeutung der drastischen Veränderungen im Technologiesektor an allen Enden verstand. Und zum dritten Mal, weil ich mich dabei zufällig zwischen der Technologiehauptstadt der Welt, Seattle, und der Rohstoffhauptstadt der Welt, Vancouver, befand, einer Stadt für diejenigen, die das rote Metall suchen, produzieren und Industrie und Konsumenten zur Verfügung stellen.«

»Das heißt, Technologie ist unmittelbar verbunden mit Elektrizität, die unmittelbar mit Kupfer und Rohstoffen verbunden ist?«

»Doc, Technologie war in der ganzen Diskussion ein Ablenkungsmanöver. Wir akzeptieren beide, dass die Dinge sich in Lichtgeschwindigkeit verändern. Was ich Ihnen zu erklären versuche, geht auf den Moment auf der Bergspitze zurück. Alles, und ich meine wirklich alles, was die Technologie hier oben betrifft, kommt von den Rohstoffen da unten. Punkt. Egal was erfunden wird, und es wird zuhauf neue Computer geben, Apps, Software, Clouds, Networking, was auch immer, nichts davon ist möglich ohne Kupfer und andere Rohstoffe.«

»Mehr Menschen konsumieren mehr Dinge, ›Zeug‹ also, aus dem ein Kabel hängt, das heißt mehr Menschen konsumieren Kupfer.«

»So ist es. Aber versuchen Sie die Tragweite zu erfassen. Neben den Milliarden Gadgets, die die Häuser dieser Menschen bei ihrem Sprung von ländlich auf städtisch füllen werden, benötigen auch die Häuser selbst das Zeug. Gehen wir zurück nach Tianjin, einer Stadt der Zukunft, wo ein Sumpf in eine Superstadt verwandelt wurde. China und Indien und andere Länder dieser Kategorie werden in nächster Zeit ähnlich Megaprojekte wie dieses bauen. Und diese Projekte sind mehr auf Elektrizität angewiesen als jemals zuvor. Und sie benötigen Kupfer und andere Rohstoffe, damit das alles passieren kann.«

»Sie schlagen mir also vor, Rohstoffe als Thema meiner finanziellen Seifenopern zu wählen?«

»Ja. Das ist eine der finanziellen Seifenopern, die jeder Investor verfolgen sollte. Und es ist nicht nur Kupfer. Es gibt einen ganzen Korb von Rohstoffen, die man mit einbeziehen sollte – Öl, Eisen, Zink, Gold, Silber, Baumwolle, Kaffee und die Liste geht noch weiter.«

»Johnny, der Grund, warum ich nie an Rohstoffen interessiert war ist, dass ich sie immer unglaublich langweilig fand. Jetzt aber kann ich mir besser vorstellen, wie sie unsere Wirtschaft formen und die Welt beeinflussen. Sie sind also auf die Zutaten des Big Mac eingegangen um zu zeigen, dass erst die Rohstoffe das alles möglich machen.«

»Rohstoffe langweilig? Nun, das kommt natürlich auch darauf an, wie man sich damit beschäftigt. Sie müssen tiefer gehen, das große Ganze sehen und dann die Punkte verbinden. Rohstoffe repräsentieren die Evolution unserer Zivilisation und den Aufstieg der Menschheit. Wenn man sie im Zusammenhang mit der Wirtschaft allgemein, den enormen demographischen Veränderungen und der sich rasant entwickelnden Technologie betrachtet, ist es eigentlich ein ganz spannendes Thema. Der Big Mac war nur ein Beispiel, um alles ins rechte Licht zu rücken. Sie fragten mich, mit welchen Themen und Autoren Sie sich beschäftigen sollten, um Ihre finanziellen Seifenopern zu beginnen. Ihr Vorschlag war Life Sciences und Biotech, beides eine sehr gute Wahl. Dennoch bringe ich Sie mit der finanziellen Seifenoper in Kontakt, mit der ich mich beschäftige. Es handelt sich um einen gut geschriebenen sechs- oder siebenseitigen Newsletter, der jeden Morgen vor der Börsenglocke die Bereiche Politik, Währungen, Aktienmärkte, Rohstoffe und aktuelle Geschehnisse behandelt. Diese Seifenoper gibt Ihnen das Makrowissen, das sie brauchen, um sich für eine Branche zu entscheiden. Wir nennen das die Grundlage für Ihr Investment-Wissen. Das Ganze ist nicht billig, aber es ist es wert.«

Ich sage gerne mit Stolz, dass ich Gelehrter der Geschichtswissenschaften bin. Aber jetzt habe ich das Gefühl, ich habe eine starke Unterströmung übersehen, die uns seit Anbruch des Elektrizitätszeitalters umspült. Die Welt hat sich verändert und die Technologieentwicklung macht keine Pause. Von Edisons Glühbirne bis zur Spezialbeleuchtung in meiner Küche und alles was dazwischen war, gab es etwas, das alles zusammenhielt, und das war schwer und tief unter der Erde. Ich verbrachte schon ein paar Stunden am Tag damit, meine üblichen Zeitungen zu lesen, also sah ich keinen Grund, mich Johnnys Vorschlag zu widersetzen und nicht auch noch den täglichen Newsletter zu lesen. Wenn ich meine Investment-Philosophie wirklich ändern wollte, dann brauchte ich die besten verfügbaren Informationen. Und das würde nicht billig werden. Ich war auf dem Weg, ein Seifenopern-Junky zu werden und zu akzeptieren, dass Kupfer der Motor der Wirtschaft war und alles da oben wahrlich von da unten kommt.

6

DIE KÄUFERSCHICHT

Es war gerade einen Monat her, dass ich angefangen hatte, mich regelmäßig mit Johnny zu treffen, und ich war positiv überrascht, wie das meine tägliche Routine schon beeinflusst hatte. Anstatt aufzuwachen und das eintönige Rauschen der sich ständig widerholenden Wirtschaftsnachrichten einzuschalten, stand ich mit einem frischen Newsletter in meiner In-Box auf, der mich über die Nebenschauplätze unserer Wirtschaft und wichtige Ereignisse auf den aktuellsten Stand brachte. Was den Preis angeht – und der war hoch – war ich erst skeptisch. Aber nach einer Woche hatte ich mehr Spezialwissen gewonnen und zugegebenermaßen Spaß gehabt als in meinem früheren Tagesablauf.

Das Wichtigste, das ich aus unseren letzten beiden Treffen mitgenommen habe war, dass wir im Jahr 2050 neun Milliarden Menschen sein werden, die die endlichen Ressourcen dieser Welt teilen müssen. Darüber hinaus gibt es noch – für diejenigen, die mit fallenden Geburtenraten argumentieren –, eine Milliarde Menschen, die an der Schwelle stehen, Konsumenten zu werden. Wenn ein junger Elektriker auf der Spitze eines Berges die persönliche Erleuchtung erfährt, die seinen Lebensweg verändert, kann sich dann nicht ein mittelalter Arzt mit dem Phänomen der größten Migration der Menschheit beschäftigen und versuchen, davon außerordentlich zu profitieren? Es war einen Versuch wert.

Ein positiver Nebeneffekt war mein wachsendes Verständnis für Green Energy. Ich hatte eine Solaranlage für mein Hausdach bestellt, die helfen sollte, meine elektrischen Installationen und die Hauselektronik-Steuerung zu versorgen. Im Ergebnis näherte ich mich damit weiter meinem Traum, ein ähnliches Gebäude wie Frank Lloyd Wright, aber mit modernerer Technik zu besitzen.

Ich hatte mir einen Tag frei genommen, und obwohl es erst sieben Uhr war, hatte ich meinen täglichen Newsletter schon verdaut und wartete gespannt auf Johnnys Ankunft. Er hatte mir angeboten, mit seinem Porsche eine Spritztour zu machen und gesagt, ich sollte mich leger kleiden, falls wir noch spazieren gehen wollten. Als ich gerade meine Golfjacke anzog, hörte ich die Hupe des teutonischen Teufels. Ich ging heraus und sah Johnny mit einem überraschend munteren Grinsen im Gesicht.

»Moin, Doc, wir nehmen unseren Kaffee bei unserem ersten Halt. Es ist keine gute Idee, kochende Flüssigkeiten vor das Gesicht zu halten, wenn man in der Kurve mal ein oder zwei G erfahren will.«

»Nett. Aber eine kleine Spritztour bedeutet keine Formel-Eins-Runde. Denken Sie dran, Johnny, ich habe Kinder und eine Praxis, die mich braucht. Sie wissen, diese kleinen Dinge wie Verantwortung.«

Nachdem ich eingestiegen war und mich angeschnallt hatte, war ich überrascht, wie großzügig der Innenraum dieses modernen Sportwagens gestaltet war. Ich erinnerte mich an einen Freund aus Studientagen, der ein älteres Modell seines Vaters fuhr. Das war ein Unterschied wie Tag und Nacht zu diesem Monument der Dekadenz, das wir jetzt testen wollten. Wie immer kam Johnny gleich zum Thema des Tages.

»Wir haben viel Stoff durchgearbeitet während der letzten Treffen und ich dachte, das sei ein guter Zeitpunkt, noch mal das Schwerpunktthema von Demographie und ›mehr Menschen konsumieren mehr Dinge‹ etwas detaillierter zusammenzufassen.«

»Der Großvater aller Migrationen ist dabei.«

»Dutzende Millionen Menschen begeben sich in die Welt des Konsums, wie Sie und ich ihn kennen«, sagte er, während er sanft von meiner Einfahrt auf die Straße zurücksetzte.

»Da bin ich immer noch skeptisch, Johnny. Egal wie sie es machen, es funktioniert nicht, dass sie zur Mittelschicht werden, nur weil sie in ein städtisches Umfeld umziehen. Selbst Sie geben zu, dass es Jahrzehnte dauert, bis so etwas umgesetzt ist.«

»Ist das so? Was meinen Sie mit Mittelschicht, Doc?«

»Genau das, was es heißt. Es erklärt sich selbst. Bis diese umherziehenden Horden die gleiche Kaufkraft haben wie die richtige Mittelschicht, werden Jahrzehnte vergehen.«

»Zuallererst müssen Sie dieses Wort aus Ihrem Vokabular streichen. Der passendere Begriff ist ›Käuferschicht‹. Und die richtige Frage, die Sie stellen sollten ist diese: Was ist ihr wirtschaftlicher Fußabdruck? Sie wären überrascht.«

»Mit Käuferschicht? Meinen Sie eine Klasse irgendwo zwischen Mittelschicht und, entschuldigung, wenn ich das so sage, Unterschicht?«

»Gar nicht. Die Käuferschicht ist die neue Welle der Konsumenten. Wir haben über die schiere Zahl der Menschen, die Armut hinter sich lassen und das weiterhin tun werden, schon gesprochen. Was ich meine: Wenn diese Menschen bona fide Konsumenten werden, oder besser gesagt Käuferschicht, sind sie sind weit davon entfernt, die Kaufkraft eines durchschnittlichen Amerikaners zu haben. Aber sie haben einen vergleichbaren wirtschaftlichen Fußabdruck. Zum Beispiel benötigt man die gleiche Menge Benzin, wenn jemand in Thailand einen Toyota 500 km weit fährt oder in Ohio.«

»Kein Scherz?«

»Und wenn Menschen dort Klimaanlage und automatische Fensterheber haben wollen, bedarf das genau der gleichen Menge Kupfer, egal ob der Toyota dort oder in den USA gebaut wurde. Das meine ich mit wirtschaftlichem Fußabdruck.«

»Also beschreibt der wirtschaftliche Fußabdruck die Auswirkungen, wenn diese Käuferschichten etwas kaufen oder irgendjemand anderer das tut? Wie groß ist die Käuferschicht?«

»Das muss man zuerst lokal betrachten, um eine plausible Grundlage für eine Schätzung zu haben. Dafür können wir Ihre antiquierte Ansicht von der Mittelschicht als Multiplikator nutzen. Um das plastisch zu machen, nehmen wir die USA, die die größte Bevölkerung mit der größten pro-Kopf Mittelschicht der Welt haben. Wie viele Menschen leben in den USA?«

»Ein bisschen mehr als dreihundert Millionen.«

»Exakt. Ich habe festgestellt, dass man die Mittelschicht, und über einen Umweg die Käuferschicht, am besten mit Automobilverkäufen bemessen kann. Bis zur 2008er Finanzkrise waren die USA mit Abstand der größte Markt für Autoverkäufe. Das ist logisch, weil sie die größte Mittelschicht haben. Einverstanden?«

»Kein Widerspruch von meiner Seite.«

»Gut, wenn wir das geklärt haben, wie viele Autos werden pro Jahr verkauft, um diese Mittelschicht zu versorgen? Die Antwort liegt zwi-

Die Käuferschicht

schen vierzehn und sechzehn Millionen pro Jahr in der Zeit von Mitte der 90er bis zur 2008er Finanzkrise. Dann brechen die Zahlen aus bekannten Gründen ein – fehlendes Verbrauchervertrauen. Man kann mit ziemlicher Sicherheit sagen, dass man ungefähr fünfzehn Millionen Neuwagen pro Jahr benötigt, um eine Bevölkerungsmittelschicht von rund dreihundert Millionen zu ›unterhalten‹. Autos halten nicht ewig, wie wir wissen, sodass das ein recht verlässliches Beispiel für die Kaufkraft der Mittelschicht darstellen dürfte.«

»Da stimme ich zu. Aber funktionieren diese Pro-Kopf-Relationen auch in Entwicklungsländern?«

»Nun, wichtiger ist, dass es Hinweise liefert, wie groß die Käuferschicht mit wirklicher Kaufkraft in jeder Gesellschaft ist. Denken Sie daran, diese Autos kümmert es nicht, wieviel Einkommen jemand zur Verfügung hat und sie hinterlassen den gleichen wirtschaftlichen Fußabdruck bei jedem Kauf. Ich habe mal eine Gruppe von Vorständen, die alle bearish eingestellt waren, zum Thema China befragt. Wie groß, glaubten sie, sei die dortige Mittelschicht? Ich konnte meinen Ausdruck der Käuferschicht nicht benutzen, weil das zu einer ganz anderen Diskussion geführt hätte.«

»Und was haben sie geantwortet? Sie haben mir ja schon Hinweise gegeben, also denke ist, die richtige Antwort wird wahrscheinlich ein Größenverhältnis sein entsprechend der Formel, fünfzehn Millionen Autoverkäufe jährlich versorgen eine Mittelschicht von rund dreihundert Millionen, richtig?«

»Sehr gut. Jetzt muss man also nur noch wissen, wie viele Autos jedes Jahr in China verkauft werden und Sie haben die ungefähre Antwort. Und denken Sie daran, dass es 1979, als Deng Xiaoping die Chinesische Wirtschaft übernahm, nur sechzig private Autos im ganzen Land gab.«

»Wie haben die Vorstände auf die Frage geantwortet?«

»Dazu komme ich noch. Wir sollten noch mal die Fakten ansehen. Wir wissen schon, dass China geographisch ungefähr die gleiche Größe hat wie die USA, korrekt?«

»Ja. Das hatten wir schon. Ungefähr 9,6 Millionen Quadratkilometer.«

»Und wir wissen, dass Chinas Bruttoinlandsprodukt im Durchschnitt seit 1997 um etwa 10 Prozent pro Jahr gewachsen ist.«

»Das hatten wir auch schon. Ich weiß, dass das Wachstum in den letzten Jahren etwas gefallen ist, aber es ist immer noch viel höher als im größten Teil der Industrienationen.«

»Könnten Sie auf einer Karte von China fünf verschiedene Städte benennen oder nur lokal zuordnen?«

»Eher nicht.«

»Genau. Und bei den meisten anderen passiven Investoren ist es das Gleiche. Sie sehen nur die Überschriften auf Seite 1 und sie blicken selten auf die Basis-Information, dass mehr Menschen mehr Dinge konsumieren. Bis 2025 wird es 220 Städte mit mehr als einer Millionen Einwohner in China geben. Um Ihre Frage zu beantworten, die meisten meiner Vorstandsfreunde lagen bei der Antwort meiner Frage völlig falsch. Die einzigen, die dem Ergebnis nah kamen, waren schon mal in China. Ihre Schätzungen reichten von zwanzig, vierzig bis fünfzig Millionen Menschen mit einem wirtschaftlichen Fußabdruck.«

»Ok, Professor, wie groß ist Chinas Käuferschicht oder Mittelschicht oder wie immer Sie es nach Ihrem System nennen wollen?«

»China hat die Zahl von zwanzig Millionen Autoverkäufen pro Jahr überschritten und fast jeder große Autohersteller sieht China als seinen größten Markt. Sie haben die USA nach der Wirtschaftskrise überholt und sie werden nicht mehr zurückschauen. Das legt nahe, dass die Käuferschicht in China bei rund vierhundert Millionen Menschen liegt, und sie wächst weiter, Tag für Tag. Es geht kein Weg daran vorbei. Stellen Sie sich diese verrückte Annahme vor, dass die Käuferschicht, oder Mittelschicht, wie viele sie nennen, relativ genau so groß ist wie die jährlichen Neuwagenverkäufe!«

»Zwanzig Millionen Neuwagenverkäufe in China jedes Jahr? Und in den USA tatsächlich nur fünfzehn Millionen?«

»Stellen Sie sich die Auswirkungen auf den jetzigen und zukünftigen Ölverbrauch vor. Und der größte Teil der parabelmäßigen Steigerung geschah in den letzten zehn Jahren!«

»Das also ist die Basis für die Bemessung des Kaufverhaltens. Diese demographische Gruppe kauft tatsächlich ›Zeug‹.«

»So ist es. Und nicht nur Autos. Jeder wird zustimmen, dass diese Leute keine 50.000 Dollar im Jahr verdienen, wie wir sogenannten westlichen Konsumenten. Aber das ist nicht der Punkt. Was ist ihr wirtschaftlicher…?«

Johnny machte eine Pause und deklamierte, was ich jetzt wirklich auswendig konnte: »Wirtschaftlicher Fußabdruck?«

»Halleluja! Jawohl. Mir ist es scheißegal, was alle diese Käuferschicht-Menschen jedes Jahr verdienen. Ich weiß, dass sie jedes Jahr 20 Millionen Autos kaufen. Ich weiß auch, dass sie einen immer komfortableren Lebensstil wählen. Die Lehrbuchstatistiken und die Lehre vom Bruttoinlandsprodukt und Bruttonationaleinkommen erzählen eben nicht die Geschichte vom wirtschaftlichen Fußabdruck. Wenn jemand in einem Entwicklungsland 10.000 Dollar pro Jahr verdient, gibt es wahrscheinlich den ganzen Betrag auch aus für die wichtigsten Gegenstände, die Bequemlichkeit versprechen. Und die dürften natürlich alle Elektrizität benötigen.«

»Aus allem, was sie kaufen, hängt ein Kabel raus.«

»Genau. Und die Dinge, die sie kaufen werden, sind die Symbole einfachen Wohlstands, die die Bequemlichkeit erhöhen.«

»Klimaanlagen, Kühlschränke und andere Dinge aus der Zwei-K-Gruppe.«

»Klimaanlagen sind ein dreifacher Schlag in das wirtschaftliche Fußabdruck-Konto. Die typische Trennsystem-Klimaanlageneinheit, die man an jedem Apartmentfenster in der ganzen Welt hängen sieht, enthält zehn bis fünfzehn Pfund Kupfer für Verkabelung und Rohre. Diese Dinger werden dann ans Haus gehängt und an die Steckdose. Das ist der zweite Schlag. Denn sie sind der größte Energiefresser in jedem Haushalt. Der dritte Schlag kommt dann an den heißesten Tagen des Jahres, wenn alle sie gleichzeitig einschalten. Das kümmert die nicht, die keine finanziellen Seifenopern schauen. Aber die, die es tun, wissen, dass es immer wieder massive Blackouts gibt, weil ganze Länder eine mangelhafte Stromversorgung haben. Selbst in Russland, das ein eher kühles Klima hat, sind Apartmentblocks mit Millionen Klimaanlagen vermüllt. Das gesamte Energieversorgungssystem müsste deutlich ausgebaut werden, will man diesen Bedarf befriedigen.«

»Energie ist gleich Elektrizität und Elektrizität benötigt Kupfer, egal wie sie hergestellt wird.«

»Musik, Doc, Musik in meinen Ohren. Man bekommt diese Informationen nicht aus der Zeitung, weil kaum jemand darüber schreibt. Aber Fakten sind Fakten. Und es hört nicht auf. Es gibt Schätzungen, wonach Chinas städtische Bevölkerung die Größe von einer Milliarde zwischen 2025 und 2030 erreichen wird.«

Wir setzten unsere Unterhaltung über das, was er die »Käuferschicht« getauft hatte fort, während wir aus der Stadt ins grüne Umland fuhren. Es sah aus, als führen wir in Richtung Küste. Wir hatten uns auf

Die Käuferschicht

die neue Klasse von Konsumenten fokussiert, deren wirtschaftlicher Fußabdruck sich nicht maßgeblich von dem der Nachbarschaft unterschied, die wir auf unserem Weg passierten. Was Menschen in Industrienationen, aber auch in den Entwicklungsländern, gemäß des durchschnittlichen Bruttonationaleinkommens verdienen, das geben sie zum allergrößten Teil für Hypotheken, Leasingraten, Miete und die täglichen Lebenshaltungskosten aus. Jeder Arbeiter oder Angestellte in Amerika weiß, dass er mit einem Verdienst von 40.000 oder 50.000 Dollar pro Jahr nicht wohlhabend ist. Und der wahre wirtschaftliche Fußabdruck stagniert seit Jahrzehnten. Es scheint plausibel, dass jemand mit geringerem, aber stark steigendem Einkommen sein ganzes Geld ausgeben wird, um beim großen Konsumgüterkauf aufzuholen.

»Lassen Sie mich also noch mal die Gedanken zur Käuferschicht und dem Treibstoff ihres wachsenden wirtschaftlichen Fußabdrucks zusammenfassen. Wir sehen also, dass die Menschen rund um die Welt wohlhabender und gesünder werden. Und das wird nicht aufhören. Wir sehen auch, dass es nicht notwendigerweise um das Gesamteinkommen gemäß traditioneller Statistiken geht, sondern, betrachtet man es als Unternehmen, eher um den freien Cashflow. Richtig?«, fragte ich.

»Enormes Gehaltswachstum war immer die Quelle von steigenden Ausgabenmustern und wiederum wirtschaftlichen Fußabdrücken. Ich nenne es das Prag-Syndrom, das hier für ein solches enormes Gehaltswachstum stehen kann. Als die Tschechische Republik und die Slowakei sich in der Samtenen Revolution separierten, hatten beide Länder vierzig Jahre Kommunismus hinter sich. Sie galten nun wirklich nicht als wohlhabend, man könnte eher sagen verarmt. Was sie aber hatten, Prag insbesondere, war eine mittelalterliche für Touristenträume wie geschaffene Architektur. Und so kamen Touristen von überall auf der Welt nach Prag und überfluteten das Wunderland gotischer Architektur, um Postkarten zu kaufen und böhmische Knödel zu essen. Unternehmen schossen aus dem Boden wie Pilze, um die unersättliche Nachfrage zu befriedigen und der Angestelltenverdienst entwickelte sich zügellos. Sobald ein Restaurant eröffnete, nahm ihm ein anderes mit höheren

Löhnen die gerade angestellten Kräfte wieder weg, was die bisherigen Restaurantbesitzer zwang, ebenfalls die Löhne zu erhöhen. Die wahre Kaufkraft des durchschnittlichen Osteuropäers hat sich in den Jahrzehnten nach Ende des Kalten Krieges vervier- oder verfünffacht. Das war offensichtlich in den USA oder Westeuropa nicht der Fall, oder?«

»Nicht mal annähernd. Ich glaube nicht, dass ich jemand kenne, der von einer 50-prozentigen Lohnerhöhung in den letzten zwanzig Jahren erzählen könnte.«

»Wenn Ihr Gehalt sich alle drei oder vier Jahre verdoppelte, hätten Sie sicherlich auch eine Menge Verbrauchervertrauen, nicht wahr?«

»Wer nicht.«

»Die Hyperinflation, die die Welt dreißig Jahre lang heimgesucht hat, ist Vergangenheit. Nicht ein einziges Land leidet noch darunter, Zimbabwe war der letzte Kandidat, bis es seine Wirtschaft dollarisiert hatte.«

»Und was hat das mit der Käuferschicht und dem wirtschaftlichen Fußabdruck zu tun?«

»Rezession beraubt Bürger dessen, was sie haben könnten, während Hyperinflation sie dessen beraubt, was sie schon haben. 1979 gab es dreißig Entwicklungsländer, die unter Hyperinflation litten. Heute null. Was bewirkt diese neue Zuversicht für die aufsteigende Klasse?«

»Sie entfesselt offensichtlich enormen Optimismus.«

»Überall auf der Welt hat diese neue Käuferschicht Wohlstand erreicht, begründet durch Zuversicht und Optimismus, die man seit zwei Generationen nicht mehr kannte. Und sie kaufen ›Zeug‹ in einem Ausmaß, den man vorher in der Geschichte noch nie gesehen hat.«

»Und all das braucht Strom.«

»Genauso wie in den USA, genauso wie in Europa. Sie wollen die gleichen Dinge, die wir haben und Sie können sicher sein, ihre Kinder spielen nicht mit Hula-Hoops und Springseilen.«

Während wir gerade die Diskussion dieses Aspekts beendeten, erreichten wir einen großen Parkplatz mit Blick über einen riesigen Industriekomplex. Ich hatte diese funkelnde Fabriklandschaft schon vorher wahrgenommen, mir aber nie die Zeit genommen, das Ganze genauer anzuschauen. Es war nun klar, dass das Zentrum dieses Industriekomplexes von Anfang an unser Ziel gewesen war.

»Was sehen Sie?«, fragte mich Johnny.

»Das ist die größte Fabrikanlage, die ich je in meinem Leben gesehen habe.«

»Egal ob sie reich oder arm sind, in Mumbai oder New York leben, ohne das können Sie nicht leben. Das, Doc Anderson, ist eine Ölraffinerie.«

»Selbst wenn man Eremit wäre und in einer Solarzellen versorgten organischen Oase lebte?«

»Auch dann. Ölraffinerien machen nicht nur Sprit, Heizöl und Schmierstoffe, die produzieren auch Spezialtreibstoffe, wie Kerosin für die Flugzeuge, mit denen wir fliegen. Diese Art Infrastruktur ist für jede Gesellschaft überlebenswichtig. Selbst wenn Sie Ihr brandneues Elektroauto ausführen, muss das geladen werden und das benötigt Elektrizität.«

»Also, egal wie wir Elektrizität herstellen, je grüner und sauberer sie ist, desto größer der Bedarf an Kupfer.«

»So ist es, Doc und ich bin Umweltaktivist. Aber ich weiß auch, dass die Welt Strom braucht. Die Grünen können sich aussuchen, auf welche Art sie ihre Elektrizität gerne produziert hätten, ich weiß, dass Green Energy zu einer höheren Nachfrage nach Kupfer führt. Sogar Elektroautos benötigen zehn Mal mehr Kupfer, als herkömmliche Verbrennungsmotoren und sie müssen auch noch geladen werden. Einfach gesagt, die herkömmliche Energiegewinnung benötigt viel Kupfer, Green Energy benötigt sogar noch mehr Kupfer. Wissen Sie was NIMBY bedeutet, Doc?«

»Irgendeine Art Hotdog?«

»Ich sage es noch mal langsam N.I.M.B.Y – ›not-in-my-back-yard‹ oder ›nicht in meinem Garten‹. So könnte man diese Raffinerie auch nennen. Niemand will den Neubau einer Raffinerie, einer Kupfermine oder eine Ölpipeline oder von irgendwas dieses Kalibers. Können Sie sich vorstellen, wie schwierig es wäre, eine solche Raffinerie heutzutage zu errichten?«

»Fast unmöglich.«

»Ohne Zweifel. Erkennen Sie nun den Wert der Anlagen, die es schon gibt?«

»Lassen Sie mich raten. Sie sind auch noch Fachmann für Raffinerien und Pipelines.«

»Ich beobachte den Energiesektor. Energie in all ihren Formen ist eine meiner wirtschaftlichen Seifenopern. Wir alle brauchen sie und niemand kann ohne sie leben. Die Industrie kann zwischen den Arten des Treibstoffes wählen und wechseln, von Kohle zu Atom zu Öl oder Gas. Aber der gemeinsame Nenner bleibt Kupfer, egal welche Energiequelle man anzapft.«

»Energie gleich Elektrizität.«

»Was wir aus dem Besuch dieser Anlage lernen: Wie bekommen die neun Milliarden Menschen die Dinge, die wir für selbstverständlich ansehen? Ist es nicht sinnvoll, die Implikationen und Muster zu erkennen, die hinter dieser Problematik stecken?«

Die Käuferschicht

»Ich bin bereit, mich auf die zweite meiner finanziellen Seifenopern festzulegen. Vielleicht ist es an der Zeit, eine dieser Konferenzen zu besuchen, von denen Sie immer sprechen.«

»Das ist genau mein Gedanke. Die New-Orleans-Veranstaltung, meine Lieblingsreise des Jahres, findet in einem Monat statt. Ich bin schon angemeldet. Ich schlage vor, Sie kaufen sich heute noch ein Flugticket.«

Johnny hat einen Tipp von einem über die Maße erfolgreichen Menschen angenommen und sich damit eine ganz andere Art der Teilnahme an den Finanzmärkten angeeignet. Bei dieser Veranstaltung wird er in seinem Element sein, als »Überflieger« mit seiner Expertise in Sachen globales Wachstum – Energie, umgeben von antizyklischen Investoren. Der Vorteil, den ich hatte: Meine Einführung in die Thematik wurde durch meine Beziehung zu diesem geschichtenerzählenden Elektriker ungemein beschleunigt. Um das Erlernte in umsetzbare Ideen umzuwandeln, musste ich wohl in das Mekka des alternativen Denkens.

7

DER 4-PROZENT-CLUB

Die New-Orleans-Contrarian-Investing-Conference näherte sich schnell, und ich ertappte mich dabei, wie ich meine gesamte Freizeit damit verbrachte, die Details der Veranstaltung zu studieren. Das war auch nur vernünftig, nachdem ich rund 5.000 Dollar investiert hatte für Reisekosten, Übernachtung und Eintritt – die fünf Tage Einnahmeeinbußen noch gar nicht gerechnet. Und abgesehen davon, dass ich etwas für mein Geld haben wollte, wollte ich natürlich auch gut vorbereitet sein. Ich war dabei, einen vielversprechenden und kostspieligen Abschied von meiner bisherigen Investment-Philosophie zu nehmen, der ich mein ganzes Leben lang gefolgt war. Ich wollte also nicht nur alles wissen, ich wollte meine Zeit auf der Konferenz auch in bare Münze umwandeln. Wenn ich schon Teilnehmer war, dann sollte ich auch wirklich teilhaben.

Dort würden über fünfhundert verschiedene Unternehmen ihre Asset präsentieren und genauso viele Vorstände für Gespräche zur Verfügung stehen. Ich habe sogar alles über die jeweiligen Persönlichkeiten recherchiert. Neben Myriaden Investment-Möglichkeiten würde es dort die Chance geben, Dutzenden von Newsletter-Herausgebern zuzuhören und mit ihnen zu sprechen. Ich konnte es kaum erwarten.

Der Flug von Seattle nach New Orleans dauerte rund sechs Stunden und ließ mir genug Zeit, noch einmal alles zu überarbeiten, was ich in den letzten Monaten gelernt hatte. Wir sprachen über Demographie und Bevölkerungswachstum, mehr Menschen konsumieren mehr Dinge und Technologie, die das beeinflusst und davon beeinflusst wird. Während es schwierig ist, die kurzfristigen Auswirkungen von Politik und wirtschaftlichen Erdbeben, besonders in der Nach-Krisen-Zeit vorherzusagen, konnten wir noch in New Orleans unseren Fokus auf die nicht aufzuhaltenden Massen an Konsumenten richten. Ich hatte mir vorgenommen, Monate harter Arbeit und Vorbereitung dazu zu nutzen, die sprichwörtliche Nadel im Heuhaufen zu finden. Ich hatte mit dem Phänomen Bevölkerungswachstum mein erstes großes Thema gefunden. Aber ich wollte noch einen zweiten Schwerpunkt finden, mit dem ich mich beschäftigen konnte. Und einen Mentor dafür finden, der Tipps geben und hoffentlich auch ein antizyklisches Investment platzieren konnte. Und wenn das alles nicht funktionierte, hatte ich immer noch den Trumpf, dass Johnny das alles schon mal gemacht hatte.

Wir standen vor dem Louis Armstrong International Airport und riefen ein Taxi. Es war heiß aber nicht zu feucht, eine willkommene Abwechslung zum endlosen Regen, der den Staat Washington immer im Griff hatte, sobald die ersten Blätter fielen.

»Sind Sie zum ersten Mal im Big Easy?«, fragte Johnny, als ich mir das Jackett auszog. »Ich sagte ja, dass Sie den Pulli nicht brauchen würden.«

»Das ist großartig. Ich kann die Stadt endlich von der ToDo-Liste streichen, die ich nie hatte.«

»Das ist meine Lieblingsstadt und Sie werden sehen warum. Wir sind im Hotel direkt neben der Konferenz. Das mache ich immer so. Das spart nicht nur Zeit, sondern die meisten CEOs und Redner sind auch dort. Es ist zwar doppelt so teuer, aber der Vorteil, jemand im Aufzug zu treffen oder ein informelles Frühstück oder Mittagessen zusammen einzunehmen, ist unschlagbar.«

Johnnys Phrase »Was nix kostet, is nix.«, stellte sich immer mehr als zutreffend heraus. Und abgesehen von Investmentfragen galt diese Einstellung auch für andere Bereiche des Lebens. Ich erinnere mich an die vielen billigen Sonnenbrillen oder Schuhe, die ich so über die Jahre gekauft hatte und denen ich beim Brechen oder Auseinanderfallen zugeschaut hatte. Man bezahlt das Gleiche, ob man Qualität einmal oder Schrott dreimal kauft. Wenn man am falschen Ende spart, bleibt man in der Mittelmäßigkeit hängen. Ich war besonders von seiner Wahl des teuren, aber strategisch gut gewählten Hotels überrascht. Daran hätte ich nicht gedacht. Ich hätte an der Übernachtung gespart und mich für das Best Western entschieden. Ich hätte dann aber nur die halbe Erfahrung und schon gar nicht die Kommunikationsmöglichkeiten bekommen. Da war ein süßer Geschmack von Befriedigung, denn ich wusste, dass ich zwar doppelt so viel zahlte wie andere – für das, was ich bekam, aber ein Schnäppchen machte.

»Ich bin nur froh, dass noch was frei war«, sagte ich zu Johnny, als wir vor dem Hotel vorfuhren. Unser Gepäck wurde sofort von zwei flinken Pagen entgegengenommen.

»Das Hotel wird immer schon ein Jahr im Voraus für diese Veranstaltungen gebucht, besonders für die VIPs. Aber es gibt immer noch ein paar Zimmer zum doppelten Preis für Last-Minute-Reservierungen und Leute wie uns, die unbedingt dabei sein wollen. Und die hier wissen das.«

»Na gut, Johnny. Wir machen das Beste draus und ich habe mir schon die Highlights für jeden Tag herausgesucht. Warum machen wir nicht...«

»Wow, Doc. Nicht so voreilig. Lassen Sie uns mal damit anfangen herauszufinden, mit wem wir unsere Zeit nicht verbringen wollen.«

»Ich dachte wir sind hier, um jeden zu treffen und alles zu sehen.«

»Die Konferenz dauert vier Tage und es gibt fünfhundert Unternehmen und fünfundvierzig Präsentationen, Foren und Spitzenvorträge plus Networking.«

»Eben. Also dachte ich mir, wenn ich durch die Gänge gehe, schaffe ich hundertfünfzig Unternehmen am Tag und zwischendurch fünfzehn Präsentationen und natürlich die Spitzenvorträge.«

»Na gut. Sie wollen also alles erfahren zu Investments in Kommanditgesellschaften mit Altersheimbeteiligungen? Wie sieht's aus mit Büroimmobilien? Es gibt auch eine interessante Diskussion zu den Verschiebungen von Performance Fees bei Investments Fonds, der man sicherlich volle zwei Stunden seiner Zeit widmen könnte?«

»Danke. Ich habe verstanden. Ich habe mich wochenlang vorbereitet, also habe ich immerhin eine Prioritätenliste und ich möchte alles weglassen, was nicht, wie Sie es immer sagen, mit der größten Migration der Menschheitsgeschichte zu tun hat. Ich dachte nur, ich könnte mal durch die Halle laufen und mir anschauen, wie das alles funktioniert.«

»Ich habe bei meinem ersten Mal das Gleiche gemacht. Und der Ansatz hat etwas für sich. Aber wenn Sie schon den Vorteil haben, das sich bekannt machen durch Wissen über das Who's Who in diesem Zoo zu beschleunigen, dann ist das allemal besser, als Dartpfeile in die Halle zu werfen und zu schauen, wen es trifft. Selbst wenn Sie mich nicht als Führer dabei hätten, sollte der erste Vorstoß eines jeden neuen Investors in den Bereich des antizyklischen Investierens damit beginnen, erst mal herauszufinden, in was man investieren will. Und Sie wissen sogar schon, dass der Schwerpunkt bei Bevölkerungswachstum liegt und wie dieser die Bereiche Energie, Verbrauch, Rohstoffe und das Leitmetall Kupfer beeinflusst. Jetzt müssen Sie nur noch herausfinden, wer die nachhaltigen Gewinner sind. Ich persönlich gehe da etwas strategischer heran, indem ich mit einer qualifizierten Prioritätenliste anfange und dann die begrenzte Zeit nur mit den Kandidaten auf dieser Liste verbringe. Aber ich fange immer mit dem 4-Prozent-Club an.«

»Ihr 4-Prozent-Club? Sie hatten das schon mal erwähnt. Worum handelt es sich dabei?«

»Der 4-Prozent-Club rührt vom sogenannten Pareto-Prinzip her. Dieses Gesetz ist von einem italienischen Wirtschaftswissenschaftler gleichen Namens geprägt worden, der ein Prinzip entdeckt hat, wonach 20 Prozent aller Bemühungen 80 Prozent des Erfolgs erzeugen. Man hat in der Folge festgestellt, dass dieses Prinzip in vielen Bereichen der Wirtschaft und auch der Gesellschaft Gültigkeit hat. Das Prinzip gilt auch für die andere Seite des Spektrums, sodass 20 Prozent der Kunden zum Beispiel 80 Prozent der Probleme verursachen. Auch nach hundert Jahren hat dieses Prinzip noch Gültigkeit und wir kennen zahlreiche Beispiele einschließlich unseres Land-Stadt-Migrationsbeispiels.«

»Das also ist die 80/20 Regel. Davon habe ich schon gehört. Aber wie kommt man davon zu 4 Prozent?«

»Der 4-Prozent-Club, das sind die Top Performer in Sachen Investment. Innerhalb des Pareto-Prinzips gibt es ein weiteres Pareto-Prinzip, das besagt, dass 20 Prozent der 20 Prozent, also 4 Prozent wiederum für den allergrößten Teil des Spitzenerfolgs verantwortlich sind. Das trifft insbesondere auf das risikoreichere antizyklische Investieren zu.«

»Und das andere Ende des Spektrums? Gibt es da ein paar faule Äpfel, die übermäßigen Ärger bereiten?«

»Leider ist das so. George Bernard Shaw hat eine schöne Bemerkung genau zu diesem Gedanken gemacht. Er sagte, ›Pferderennen wurden von der Oberschicht und der Unterschicht erfunden, um die Mittelschicht zu schröpfen‹. Den Vergleich kann man leicht auch für den Junior-Aktienmarkt und spekulative Investments oder wie Sie und ich es nennen, antizyklisches Investment benutzen.«

»Das also sind die Kandidaten, von denen man sich fern halten sollte. Und es dürfte schwierig genug sein, sie zu erkennen. Sie bleiben also am oberen Ende des Pareto-Prinzips und konzentrieren sich nur auf die mit dem außergewöhnlichen Track Record – und das ist der 4-Prozent-Club?«

»Wenn es sich vermeiden lässt, nähere ich mich einer Ziege nie von vorne, einem Pferd nie von hinten und einem Narren von keiner Seite. Mit Narren zu investieren, ist Glücksspiel, während mit denen zu investieren, die schon fünf oder sechs große Erfolge zu verbuchen haben, nachhaltig intelligentes Investieren bedeutet. Und wenn man solche Gelegenheit-Teams mit einem Abschlag serviert bekommt, weil die Märkte gerade korrigieren, dann ist das die wahre Definition von antizyklischem Investing.«

»Was sind einige Faktoren, die die 4-Prozenter von den Übrigen unterscheiden?«

»Die 4-Prozenter, denen ich folge, hängen immer selbst voll mit drin. Das heißt der Investor, der am meisten zu verlieren hat, ist der 4-Prozenter. Es gibt zu viele Unternehmen, in denen die Manager als Angestellte für Gehalt und Aktienoptionen arbeiten und nicht für die Wertsteigerung eines Anteilseigners. Sie und ich verdienen als Investoren nur auf eine Weise Geld, nämlich wenn die Aktien, die wir kaufen, an Wert zulegen. Einige der 4-Prozenter, denen ich folge, geben sich nicht mal ein Gehalt. Sie verdienen Geld, wenn der Investor Geld verdient. Das ist die richtige Angleichung der Investor-Interessen. Wenn es nicht so läuft, wie es sollte, sind sie die größten Verlierer, genauso wie sie die größten Profiteure sind, wenn alles gut läuft. Letzteres übrigens passiert in diesen Sphären historisch gesehen viel häufiger als im Branchenvergleich.«

»Aus diesem Grund also sollten wir all unsere Zeit auf den 4-Prozent-Club konzentrieren?«

»Wenn man sich die Zeit nicht im Rahmen eines reduzierten Konzepts für die gesamte Konferenz einteilt, wird man sich verwirrt vorkommen und hin und her gerissen sein zwischen zu vielen Optionen und vermeintlichen Gelegenheiten mit zu viel unbelastbarer Information. Außerdem dauert die Konferenz nur acht Stunden am Tag, und Sie wollen mindestens fünfzehn Reden hören während dieser acht Stunden, denn das ist ja der Grund, warum Sie hier sind. Aber das lässt Ihnen dann nur ein paar Minuten pro Unternehmen.«

»Mit anderen Worten, wie eine kopflose Henne durch die Gegend zu rennen ist keine Strategie.«

»Sie vergessen den Ratschlag, den der Tycoon mir gab und den ich Ihnen weitergegeben habe. Hier gibt es ganze Teams von berühmten Newsletter-Herausgebern, die die gesamte Veranstaltung für Sie durchkämmen. Die kennen schon alle Gesichter in jeder Branche, die sie begleiten und so brauchen Sie nicht Ihre Zeit damit verschwenden, völlig fremden Leuten guten Tag zu sagen. Sie können Ihren Einsatz am effektivsten nutzen, wenn Sie den Herausgebern auf der Prioritätenliste zuhören, deren Agenda verfolgen und sich dann auf die Überschneidungen konzentrieren, die sich ergeben, wenn unsere 4-Prozenter sich mit dieser Auswahl beschäftigen. Das ist der Punkt, an dem sich alle Planeten einreihen, an dem man mit mehr Vertrauen und Sicherheit investieren kann. Und das ist genau das, was der Tycoon gemacht hat. Und was ich tue, und für beide von uns hat es funktioniert.«

»Sie haben natürlich wieder Recht. Wenn ich schon jemanden für gute Ideen und Informationen bezahle, dann kann der auch die Laufarbeit machen. Wenn ich es also runterbreche, sollte ich mich auf bestimmte Unternehmen fokussieren und mit deren Entscheidungsträgern sprechen. Und ich sollte meine Zeit dafür einplanen, den Newsletter-Herausgebern zuzuhören und ihnen diejenigen meiner Fragen vorzutragen, für die ich mich am meisten interessiere und die die Expertise in meinem Bereich mitbringen: Konsum, Rohstoffe und Kupfer?«

»Doc, wer hat Ihnen das nur beigebracht? Ich bin ja richtig stolz auf meine Erfolge«, lachte Johnny.

Das war erst der erste Tag und das hieß, die Tagesordnung war noch übersichtlich. Man traf sich zum ersten Kennenlernen auf einen Cocktail. Aber anstatt die Vorveranstaltung mitzunehmen, ging ich auf mein Hotelzimmer um meinen Angriffsplan zu überarbeiten. Klar war, dass wir uns auf die Analysten konzentrieren wollten, die die Unternehmen covern, die die besten Chancen bieten, um die Käuferschicht zu füttern.

Johnny wiederum wollte sich mit seinen vielen Freunden und Kontakten tummeln, die er über die Jahre getroffen hatte. Ich musste mich neu aufstellen und war noch nicht bereit, mich kopfüber ins Getümmel zu stürzen. Also ging ich auf mein Zimmer, um etwas zu entspannen und noch mal die Konferenzdaten durchzugehen und einen Bourbon zu mir zu nehmen – wenn schon in den Südstaaten, dann auch mit dem regionalen Drink.

Es war wichtig, sich darüber im Klaren zu sein, welchen Vortrag man sich anhören wollte, um die Redner danach auch zu treffen. Würden die anderen Teilnehmer auch so fokussiert sein wie Johnny und ich?

Bei so vielen guten Gelegenheiten, die sich einem so präsentabel boten war ich neugierig, wie viele andere Teilnehmer sich für die Themen Konsum in den Entwicklungsländern interessieren würden. Eines war klar. Ich würde hellwach sein und voll konzentriert und nicht zulassen, dass sich mir jemand bei meinem uneingeschränkten Zugang zu den Meinungsführern meiner neu gewonnenen Leidenschaft in den Weg stellt.

8

Der Vortrag

Wenn man wie ich nicht oft reist, dann kann man wohl die wahre Bedeutung des Wortes Jet Lag nicht so richtig einschätzen. In der Medizin nennen wir das Phänomen Desynchronosis – das Wort sagt es schon, unsynchronisiert, weil zeitzonenüberschreitende Flugreisen massiv in unseren Tagesrhythmus eingreifen. Das führt zu Schlafstörungen, Herabsetzung der kognitiven Fähigkeiten, Kopfschmerzen und manchmal Verdauungsstörungen. Summa summarum gibts einen Schlag auf unsere innere Uhr.

Zwischen der Ost- und der Westküste bestand nur ein Zeitunterschied von zwei Stunden, aber ich musste dem Verlust dieser paar Stunden schon Tribut zollen. Als ich aufwachte, fühlte ich das Verlangen, neben meinen üblichen zwei Tassen Morgenkaffee auch noch einen doppelten Espresso zu bestellen. Das machte mich nervös und besorgt zugleich, an einem Tag, an dem ich ohnehin schon beides war. Als ich langsam zur Besinnung kam, war es schon Zeit, den Konferenzsaal aufzusuchen. Ich las noch mal hastig meine Notizen, als sei ich wieder an der Uni und hätte gleich eine Examensprüfung. Zu sagen, dass ich aufgeregt war, wäre eine Untertreibung gewesen. Ich war hibbeliger als ein Schulmädchen am Valentinstag.

Die einzigen sogenannten professionellen Zusammenkünfte, an denen ich sonst teilnahm, waren die eintönigen Medical-Association-Versammlungen. Meinen Kollegen beim Dozieren über die Auswirkungen eines neuen Medikaments oder einer alten Behandlungsmethode zu zu hören, war ungefähr so aufregend, wie zu hören, welche wissenschaftliche Erklärung der Lösung eines Rubik-Würfels zugrunde liegt. Die Welt des antizyklischen Investments war etwas ganz anderes. Es war eine Kunst, keine Wissenschaft.

Dass wir direkt im Veranstaltungshotel wohnten, gab uns eine bequeme Basis schnell überall hinzukommen, woran wir teilnehmen wollten. Unser erstes Frühstück zum Start der Konferenz wurde in einem großen offenen Raum serviert. Auffallend bei diesem Walk-and-talk-Konzept war die schiere Anzahl handverlesener Unternehmen und Führungskräfte aus völlig unterschiedlichen Bereichen: Metalle und Energie, Hightech und Immobilienfonds.

Und unter diese vielschichtige Gruppe mischten sich neugierige Teilnehmer wie ich, Autoren von bekannten Büchern, Newsletter-Herausgeber von der Konferenz-Agenda, verschiedene prominente Investoren und sogar ein paar namhaftere Politiker. Dies war ein überzeugendes Potpourri von wirtschaftlicher Intelligenz und Investment-Feuerkraft, man konnte sich der Gelegenheiten gar nicht erwehren. Und ich stand mittendrin und versuchte, das alles aufzunehmen.

Nachdem ich ein paar Minuten umhergeschlendert war und versucht hatte, nicht zu verwirrt auszusehen, klopfte mir jemand auf die Schulter. Ich drehte mich um und sah Johnny an meiner Seite. Hinter ihm sah ich eine kleine Menschenmenge rund um eine entfernte Person kreisen, wie die Motten um das Licht. Ich war auch neugierig, was dort vor sich ging und bewegte mich schon automatisch in Richtung der Gaffer.

Der Vortrag

»Wer ist das?«

»Der Hauptreferent.«

»Aber es ist doch erst Frühstückszeit.«

»Jeden Tag gibt es einen Kick-Off-Speaker, einen Lunch-Speaker und ein Abendforum zusätzlich zum sonstigen Tagesablauf. Jedenfalls ist die Eröffnungsrede der Konferenz immer etwas, auf das man sich freuen kann. Und dieses Jahr wird es ein besonderes Vergnügen sein.«

»Wow. Als ich das Programm gestern Abend noch mal durchgearbeitet habe, stand da etwas von einem Minenunternehmensvorstand; nicht gerade das, was ich mir unter einem Feuerwerk der Redekunst vorstelle.«

»Wenn Sie dann alle Vorträge gehört, die meisten der Newsletter-Jungs getroffen und mit ihren Teilnehmerkollegen Hände geschüttelt haben, können Sie mir sagen, welchen Redner Sie am meisten schätzen. Bis dahin kann ich Ihnen nur sagen, dieser ist die Gage für die Einführungsrede mehr als wert.«

Die Menschenmenge um diesen Minen-Experten nahm noch zu. In seiner Biographie ist aufgeführt, dass er drei Unternehmen erfolgreich für etliche Milliarden verkauft hat und in jedem Fall jeweils der größte Anteilseigner war. Das deutet darauf hin, dass er einer der ernstzunehmenden Tycoons war. Aber das erklärte noch nicht, warum die Veranstalter so einen statt eines Hightech-Genies oder Immobilien-Moguls für die Eröffnungsrede nominiert hatten. Es scheint, als könne man von einem ehemaligen Politiker oder einem anerkannten Redekünstler mehr mitnehmen als von jemandem, der für seinen Lebensunterhalt Steine umdrehte.

»Nun, er hat jedenfalls seine Fans. Die Menge da hinten ist ja riesig.«

»Worüber haben wir in den letzten Monaten geredet? Mehr Menschen konsumieren mehr Dinge. Es ist an der Zeit, dass wir die Relevanz dieser Makro-Themen in einen Gedankenprozess einbringen, der uns zu günstigen Gelegenheiten hinführt.«

»Mein Bleistift ist gespitzt und der Notizblock bereit. Alles, was wir brauchen ist eine Tasse Kaffee und Plätze in der ersten Reihe.«

Wir machten uns auf den Weg in den Vortragssaal, und obwohl wir zehn Minuten zu früh waren, gab es kaum noch einen freien Platz.

»Oh Mann, ganz schön voll hier.«

»Wenn man die wirklich guten Plätze haben möchte, muss man noch früher kommen.«

Wir fanden einen strategisch guten Platz vor einer der Übertragungsleinwände. Der Organisator der Konferenz, ein bekannter Schriftsteller und Newsletter-Herausgeber, umriss noch mal den Schwerpunkt der Veranstaltung der nächsten drei Tage: »Globales Wachstum, ja oder nein?« und gab eine farbige Einführung über den Minen-Tycoon, seinen Hintergrund und seine Erfahrung. Während ich viel über den wahnsinnig interessanten Lebenslauf dieses Mannes erfuhr, dachte ich, dass eine Reality-TV-Show sich sein Leben als Thema hätte nehmen können, so ungewöhnlich und aufregend war es. Innerhalb einer Woche arbeitete er an der Wall Street, nahm eine Auszeit und flog in den afrikanischen Dschungel, dann zu einer Filmpremiere nach Paris, wobei er zwischendurch die Zeit fand, mit einer Anzahl von Entscheidungsträgern von Weltrang in seinem Privatjet einen Scotch zu trinken.

Bevor ich überhaupt ein Wort aus seinem Mund hörte, war ich schon überwältigt von der absoluten Klasse dieses Mannes. Das Unglaublichste an diesem Lebenslauf war aber, dass das Gehalt für das Führen seinen Imperiums ein Dollar pro Jahr betrug. Er verdiente nur Geld, wenn seine Anteilseigner Geld verdienten. Er war schon über den 4-Prozentern, eine Mischung aus Rockefeller, Steve Jobs und Teddy Roosevelt in einem. Und es war sofort klar, ich wollte seine wirtschaftliche Seifenoper verfolgen.

Aber jeder Investor, der vor ihm saß, hatte eine Frage auf den Lippen: »Wann kehren wir zurück zu business as usual?« In den Jahren nach dem wirtschaftlichen Zusammenbruch 2008 dümpelten die verschiedensten Branchen bei minimalem Wachstum dahin und ein neues Wort, das im Land der aufgehenden Sonne ein alter Hut war, hatte Einzug in unseren Wortschatz gefunden – Stagflation. Dieses Wort war auf jedermanns Lippen, aber niemand konnte die Frage beantworten und wir konnten auch von unserem globetrottenden Minenexperten keine Antwort erwarten. Was wir aber bekamen, war eine Tour de Force zur Natur des Wandels in einer sich ändernden Welt, die er mit einer einprägsamen Metapher begann.

»Bevor ich anfange, möchte ich, dass Sie alle Ihre Augen schließen und sich vorstellen, Sie säßen in einem fahrenden Zug und rollen durch die Landschaft. Als Teilnehmer an dieser Reise haben Sie zwei Alternativen: in Fahrtrichtung sitzen und die Szenerie auf sich zukommen sehen oder gegen die Fahrtrichtung, um darauf zu schauen, was gerade vorbeigezogen ist. Ich gebe Ihnen einen Moment für Ihre Entscheidung.«

Als Geschichtsinteressierter wählte ich den Blick zurück und die Landschaft, die ich mir dabei vorstellte, ähnelte der, die Johnny und ich bei unserem Trip durch das Umland von Seattle durchfuhren. Hochhäuser, die übergingen in Vorstadtsiedlungen, dann in Apartmentkomplexe und Fabriken, es zogen Ölraffinerien vorbei und dann Hügel mit Bäumen und Feldern.

»Die Investoren mit einem unzureichenden Geschichtswissen sind üblicherweise die, die am ehesten bearish sind. Lassen Sie uns also die Vergangenheit als Leuchtfeuer für die Zukunft nutzen, damit wir ein bisschen ausgewogener auftreten können in einer Welt voller Negativität. Wenn Sie sich entschieden haben, nach vorne zu schauen, können Sie sehen, was auf Sie zukommt, aber Sie könnten dabei schon vergessen haben, wie wir hierhin gekommen sind. Diejenigen, die den Rückblick gewählt haben, werden besser vorbereitet sein, um sich ein umfassendes Verständnis für die Zukunft zu bilden, weil sie die sich verändernde Landschaft wahrnehmen, die sich in die kommenden Berge und Täler verformt. Beide Alternativen sind gut. Wie auch immer, in unsicheren Zeiten wie diesen wollen wir in der Vergangenheit nach Hinweisen suchen, die uns zeigen, was passieren wird, wenn wir als Gesellschaft weiter Fortschritte machen.«

Das war eine einfach brillante Art, die Aufmerksamkeit und Vorstellungskraft der Zuhörer zu gewinnen, und es war der perfekte Aufbau für die Kernaussage seines Vortrags. Zu meiner Freude fuhr er mit einigen geschichtlichen Beispielen fort, die auf die wichtigeren Punkte zum Thema Investment hinführten. Er sagte, dass es seit der Industriellen Revolution nur zwei große Veränderungen auf dem ersten Platz der Weltwirtschaftsmächte gegeben hatte. Großbritannien konnte, beschützt durch die größten Seestreitkräfte seiner Zeit und unterstützt durch Kohlevorkommen und damit auch der Stahlproduktion, China und Indien zu Beginn der Industriellen Revolution überholen. In den fünfzig Jahren nach dem Amerikanischen Bürgerkrieg konnte dann die USA die Briten als führende Wirtschaftsnation ablösen und diese Position seitdem halten. Als er den Spannungsbogen vollendete, sagte er, dass es nur eine Frage der Zeit sein werde, wann China mit der weltweit größten Bevölkerung sich den Titel der Nummer eins zurückholen würde, den es zuvor 2000 Jahre lang innegehabt hatte. »Was selbst hochdekorierte Prognostiker überrascht«, sagte er, »ist die Geschwindigkeit mit der China die USA als weltgrößte Wirtschaftsnation ablösen wird.«

Er fuhr fort zu beschreiben, dass das Bruttoinlandsprodukt der USA 1992 bei 6 Billionen Dollar lag und in China unter 500 Milliarden. Zwanzig Jahre später war das Bruttoinlandsprodukt in den USA auf 15 Billionen gestiegen und in China auf 9 Billionen. Wer holt da auf wen auf? 1979 war der durchschnittliche amerikanische Bürger zwanzig Mal reicher als der durchschnittliche chinesische Bürger. Jetzt liegt der Faktor nur noch bei fünf und geht weiter zurück, so wie alle wirtschaftlichen Unterschiede im vergangenen Jahrzehnt. Dann referierte er, dass eine Milliarde Menschen in China immer noch nicht unter den gleichen Lebensumständen leben wie Sie und ich. Sofort kam mir dazu Johnnys Satz in den Sinn, dass keine Armee, keine Regierung und keine religiöse Macht diese Milliarde von der Teilnahme an dem Migrationsprozess würde abhalten können.

»Wenn Sie noch nicht dort gewesen sind, wie so viele China-Bären da draußen in ihrem finanziellen Permafrost, wie können Sie das wissen?«

Es stimmt, dass viele der meckernden Neinsager nicht viel rumgekommen sind in der Welt. Das hat mich schon immer gestört. Ich bilde mir meine Meinung lieber durch Fakten, nicht durch Vermutungen.

»Von da oben kann man sehen, was hier unten ist«, war einer der Sätze, den er eindeutig ins Gedächtnis der Zuhörer eingebrannt sehen wollte. Dabei waren auf den Leinwänden Bilder von Heißluftballons über grüner Landschaft zu sehen. Er betonte die Tatsache, dass viel der größten Negativität bezüglich Asien und die Wachstumsblase, über die die Menschen gerne sprachen, von Leuten kam, die nie dort gewesen sind.

»Ich bereise Asien seit dreißig Jahren und ich habe das explosive Wachstum aus erster Hand gesehen. Die amerikanische Erfahrung ist noch nicht vorbei, noch lange nicht, aber das Penthouse von Macht und Einfluss in der Welt wird halt etwas größer.«

Der Ansatz von kulturellen Unterschieden wurde unterstrichen durch das Bild, das wir im Westen renovieren, während diejenigen im Osten neu bauen. Und das betonte den positiven Ausblick, den Milliarden Menschen in der Welt noch vor sich hatten. Diese Leute waren Spekulanten auf eine florierende Zukunft – und ein Spekulant war der Definition nach ein Optimist, kein Pessimist, wie so viele niedergeschlagene Bürger im Westen. Ich musste mich selbst fragen, wo globales Wachstum herkommen würde? Aus den USA, aus Europa? Oder von den hunderten Millionen noch kommenden Konsumenten?

»Der größte Unterschied zwischen dem entwickelten Westen und dem aufsteigenden Osten ist der, dass egal welche Zahl, so klein sie auch sein mag, mit 2,5 Milliarden multipliziert eine sehr große Zahl wird. Im Westen hatten wir das Kapital und das Know-how. Nun haben sie das Kapital und sie haben auch schon Einiges an Know-how. Was Führungspositionen angeht, gibt es zwischen den beiden einen tiefgreifenden Unterschied. Viele der politischen Positionen in China sind mit Menschen aus dem STEM-Bereich besetzt. Diejenigen unter den Zuhörern, die nach vorne blickend sitzen, vergessen vermutlich, wofür das steht. Lassen Sie es mich noch mal auffrischen: Science, Technologie, Engineering und Mathe. Die STEM Bereiche sind das Fundament der Intelligenz einer Nation. Was ist der übliche wissenschaftliche Hintergrund eines amerikanischen Politikers? Rechtsanwalt. Stellen Sie sich das vor: die Mehrheit unserer gewählten Entscheidungsträger lernen zu streiten als Lebensunterhalt. Ist es da ein Wunder, dass der Kongress nichts hinkriegt, während die Entscheidungsträger der aufstrebenden Wirtschaftsnationen lernen, wie etwas gebaut wird.«

Das war eine simple Aussage. Aber die ernüchternde Wahrheit, dass unser Land von Anwälten geführt wird, gibt Anlass zum Nachdenken. Der Ausbildung von Juristen wohnt naturgemäß inne, ein Thema von beiden Seiten argumentativ vertreten zu können. Wenn man eine Seite bis zur Erschöpfung behandelt hat, kann man die Seite wechseln und das Gleiche auf der anderen Seite tun. Diese professionellen Meinungsvertreter sollen unsere Nation vorwärtsführen? Wäre es nicht so traurig, wäre es fast witzig.

Wenn es um öffentlich-rechtliche Debatten und Infrastrukturprojekte geht, sind zu wenig Menschen vertreten, die das Know-how haben, wie man Dinge baut. In China setzt man die Besten und Erfahrensten ans Steuer und das zeigt sich in weltweit führenden Infrastruktur- und Technikprojekten. Er sprach über das wahre Bruttoinlandsprodukt und die Verlässlichkeit von veröffentlichten Statistiken. Er erklärte, dass die chinesische Führung drei Ansätze nutzt, um die Stärke ihrer Wirtschaft zu bestimmen – Schienenwarenverkehr, Stromverbrauch und Verschuldungsquoten. »Ist das nicht der Puls, der die Gesundheit der Wirtschaft bestimmt?«

»Was glauben Sie, woher die Innovationen in der Zukunft kommen werden? Die Entscheidungen, die auf der Führungsebene getroffen werden, ziehen sich durch die gesamte Bevölkerung. In Westeuropa ist es einfacher, sich von seiner Frau scheiden zu lassen als einen Angestellten zu entlassen. Wo kann es mehr Innovation und Optimismus geben? In dieser Atmosphäre von Gewerkschaftsprotektion und Anspruchsdenken oder an einem Ort mit viel weniger Wirtschaftsbürokratie?«

Das stimmte. Im Westen konnte man schneller eine Scheidung durchbekommen, als die Produktivität in der Großindustrie anzupassen. Aber das könnte sich ändern, wenn junge Leute einen Job der Vetternwirtschaft und Altersbegünstigung vorziehen.

»Ein letzter Gedanke zu den kulturellen Unterschieden: Die meisten Produkte, die man in China kauft, werden mit Cash bezahlt. Diese Leute haben keine riesigen Mengen an Kreditkarten mit den daran hängenden Kreditkartenschulden und wissen zum größten Teil auch nicht, dass Lehman Brothers bei der Wirtschaftskrise zusammengebrochen ist. Wenig kann die Ambitionen dieser neuen Konsumenten aus der Bahn werfen.«

Wir erfuhren noch mehr über CHINDIA und die BRIC-Staaten und weitere Beispiele, wie kulturelle Stereotypen über Bord geworfen wurden. Indien mit seinen Tausenden aufwendig geschichteten sozialen und vererbten Hierarchien ist für sein Kastensystem bekannt. Jetzt in der globalen Weltwirtschaft, kann ein junger Unternehmer aus der untersten Kaste der reichste Mann des Dorfes werden. Ich dachte mir, was das für die Entfesselung des menschlichen Potenzials der zweitgrößten Bevölkerung der Welt bedeuten würde, mit einer Mittelschicht größer als die der USA.

»Seit der Finanz- und Wirtschaftskrise 2008 erlebten wir eine weltweite Rezession. Kam es auch zu Depressionen oder zu zügelloser Hyperinflation? Zwischen Rezession und Hyperinflation besteht ein großer Unterschied, und es ist wichtig, dass jeder Investor ihn kennt. Rezessionen berauben Menschen dessen, was sie hätten haben können. Unternehmen und die Regierung kürzen Ausgaben auf unabsehbare Zeit massiv. Aber Rezessionen gehen vorbei. Hyperinflation auf der anderen Seite beraubt die Menschen dessen, was sie schon haben! Die Auswirkungen von Hyperinflation sind zerstörerisch für jede Volkswirtschaft. Wie könnte eine Wirtschaft in so einer Atmosphäre nachhaltig wachsen?«

Rezessionen waren ein Zustand, der uns in den USA nicht unbekannt war. Sie sind schlimm für die Wirtschaft und haben sich fast immer erschwerend auf das Leben meiner Freunde und Familie ausgewirkt. Aber Rezessionen gehen vorbei und Vertrauen wird wieder aufgebaut. Hyperinflation war etwas, dass die meisten Menschen meines Alters, besonders im Westen, nie kennengelernt haben. Wir hatten vergessen, was das Wort wirklich bedeutet und er erinnerte uns daran. Wir hatten von rasender Hyperinflation gehört, das bekannteste Beispiel ist die Weimarer Republik. Menschen waren damals dazu gezwungen, mit Schubkarren voll wertlosen Geldes einen Laib Brot zu kaufen. Die eindrucksvolle Statistik, die unser Geschichten erzählender Milliardär heranzog war diese: Noch 1979 gab es dreißig Länder, die unter Hyperinflation litten. Heute keines mehr. Das entfesselte Humanpotenzial von Hunderten Millionen Menschen in diesen Ländern entfaltete sich gleichzeitig mit der größten Migration der Menschheitsgeschichte.

Seine Präsentation enthielt eine Serie von Beispielen, unterstützt von belastbaren Fakten. Er brachte einen Begriff auf, spann eine Geschichte um die ganze Welt dazu, und wenn er wieder bei uns angelangt war, fühlte sich jeder der Zuhörer als Experte in diesem Thema. Einer der Begriffe, der eine Kernaussage unseres gesamten Trips werden sollte, war »Airpocalypse«.

Die entwickelte Welt war messbar wohlhabender geworden, und das war eine gute Sache. Aber ihr Problem und das jedes Investors war ein nie dagewesenes Ausmaß an Smog, das die großen Tigerstädte im Würgegriff hielt. In der Vergangenheit hatte man das Leiden den Bürgern überlassen. Aber es war nun an der Zeit, sich mit den umweltbelasteten Nebeneffekten von 30 Jahren mit 10 Prozent jährlichem Wachstum zu beschäftigen. China hatte nun 300 Millionen Menschen mit einem Führerschein. Und wie ich von Johnny gelernt hatte, war China der größte Automarkt der Welt und wird es bleiben. Mehr als zwanzig Millionen Neuwagen werden jedes Jahr in China verkauft und ein unglücklicher Nebeneffekt einer ansonsten so beeindruckenden Entwicklung waren die sich länger hinziehenden und sich verstärkenden Perioden heftiger Luftverschmutzung, die die Bürger der Megastädte belasteten. Die Menschen zu bitten, ihre eben neu gekauften Auto stehen zu lassen und zu Fuß zur Arbeit zu gehen, war unrealistisch. Aber es würde helfen, die Emissionen sauberer zu machen. Und darin lag eine der großen Gelegenheiten, die unser Referent uns gerne erklärte.

»Die Art, auf die es uns die Wissenschaft ermöglicht, einige der Auspuffabgase von Benzin- und Dieselmotoren zurückzuhalten, ist die wunderbare Erfindung, die wir Katalysator nennen. Palladium wird dafür bei Benzinmotoren benutzt und Platin hilft, Dieselmotoren schadstoffärmer zu machen. Darüber kann man sich als Befürworter sauberer Luft nur freuen«, fuhr er fort. »Elektroautos, die keine Emissionen verursachen, müssen immer noch produziert, aufgeladen und gepflegt werden. Alle diese Prozesse verbrauchen Kupfer, viel mehr Kupfer. Wasserstoff-Brennstoffzellen, die überall auf der Welt vermehrt zum Einsatz kommen sollen, benötigen Platin. Meine Damen und Herren, Kupfer, Palladium und Platin sind die Familie der grünen Metalle, mit der Sie sich beschäftigen müssen, wenn Sie sich für umweltbewusst halten. Nur sie können helfen, der Airpocalypse Herr zu werden.«

Dieser Punkt hat mich beeindruckt. Ich war immer schon ein Verfechter des Umweltschutzes und alternativer Energien, aber ich habe nie wirklich danach gehandelt. Und ich habe sicherlich keine Schlüsse gezogen zwischen dem Zeug da unten und den wertvollen Innovationen hier oben. Warum aber stieg nicht jeder Investor in dieses unausweichlich wichtige Thema von sauberer Luft in den Entwicklungsländern ein?

»Wie wird in China Elektrizität gewonnen? Kohle, dreckige Braunkohle. Aber das kann nicht immer so weitergehen. Seit Fukushima hat Japan seine Atomkraftwerke abgestellt. Wie produzieren sie jetzt Elektrizität? Kohle und Gas. Deutschland? Sie versuchen eine der größten ›Green-Energy-Renaissancen‹ und Kupfer dankt es ihnen. Aber woher kommt die Grundversorgung jetzt? Raten Sie. Dreckige Braunkohle. Die richtige Frage aber ist, wie sie Elektrizität in der Zukunft produzieren wollen. Green Energy, und das gilt für jede Art Energie, benötigt eines immer – Kupfer.«

Er beschwor die Menge unabhängig von anderslautenden negativen Schlagzeilen daran zu denken, dass der Energiebedarf immer nur nach oben gegangen ist. Und Energie benötigt Kupfer. Ich hatte das schon von Johnny gehört und nun wieder von diesem erfahrenen Investor. Diese Tatsache war zu meinem Mantra geworden.

»Die Luftverschmutzung in Chinas Hunderten von Städten und weiteren überall auf der Welt kann nur mit mehr Palladium, Platin und Kupfer zurückgeführt werden. Und das kann nur auf eine Art sichergestellt werden – durch Importe von Unternehmern wie mir, denen Minen gehören.«

Die auffälligste neue Entwicklung, die er hervorhob war, dass Kupfer über seine bisherige nützliche Verwendbarkeit hinaus andere Funktionen übernehmen könnte. Krankenhäuser hatten begonnen, Kupfer für Ablagen und Türklinken zu verwenden, wo Bakterien ein Problem sein konnten.

»Gott bewahre, dass Sie ein Krankenhaus aufsuchen müssen. Aber wenn Sie mal dort sind, schauen Sie sich um. Sie werden mehr und mehr Kupfer verbaut sehen, die natürlichste bakterienfeindliche Oberfläche. Rostfreier Stahl zieht sie eher an, sodass Menschen das Krankenhaus oft kranker verlassen, als sie es betreten haben.«

Er beendete diesen Gedanken, indem er jeden darauf hinwies, seine eigenen Nachforschungen und Recherchen zur geschichtlichen Wichtigkeit von Kupfer im Medizinbereich anzustellen. Es galt schon seit Jahrtausenden als antibakterielles Material. Neben den bisherigen Einsatzgebieten gab es atemberaubende neue Einsatzmöglichkeiten. Als Arzt wusste ich, dass er Recht hatte. Wenn man dann die Zahl der Krankenhäuser im ganzen Land heranzog, ergab das umwerfende Aussichten für die Kupferindustrie.

»Dies alles ist ernst und wir leben in aufregenden Zeiten.« Er wiederholte diesen Satz zweimal. »Wenn Sie vor zehn Jahren in globales Wachstum investiert haben, würden Sie diese Philosophie dann wegen der Aussichten von Stagflation in Europa und im Westen über Bord werfen? Werden die Menschen, von denen ich spreche, aufhören optimistisch zu sein? Aufhören sich zu vermehren? Aufhören zu konsumieren? Werden die Geisterstädte, von denen Sie lesen, die Migration von einer Milliarde Menschen beeinträchtigen? Haben die Regierungen in den Industrieländern irgendetwas getan, um ihre Bilanzen in Ordnung zu bringen? Sie alle kennen die offensichtlichen Antworten auf diese einfachen aber wichtigen Fragen«, sagte er. »Billionen Dollar wurden gedruckt und an gierige Banker verfüttert, die heimlich Ihre wahre Kaufkraft zerstören. Wir schützt man sich dagegen? Halten Sie wahre Sachwerte, um Ihre Kaufkraft zu bewahren! In China und anderen Teilen der Welt ist Kupfer Geld, richtiges Geld. Gold ist Geld. Wahre Sachwerte sind Geld, sie erhalten die wahre Kaufkraft.«

Die für den Vortrag eingeplante Stunde verging schnell, als habe er eine zusammenhängende Geschichte erzählt und niemand wollte, dass sie endete. Es war eine ganze Stunde voll aktueller Geschehnisse, eine Enzyklopädie an Daten und wenigstens ein halbes Dutzend unvergesslicher Metaphern, an die sich jeder Zuhörer auf Jahre hinweg gerne erinnern würde. Und während der ganzen Zeit hatte dieser Mann, der dreimal ein Vermögen in der Welt des Bergbaus gemacht hat, über seine eigenen Interessen in Sachen grüner Metalle nur einen leisen Satz verloren. Die Welt könnte ohne seine grünen Metalle nicht leben und wenn sie sie brauchte, würde sie zu Männern wie ihm kommen und sie kaufen. Alles, was er tun musste, war warten.

Mich hatte ein Heißhunger befallen auf diese Branche und eine Passion für diesen Prediger in Sachen Geologie, ein 4-Prozenter, der direkt an die Spitze meiner Liste geschossen war und mit dem ich mich – als meine wichtigste wirtschaftliche Seifenoper – beschäftigen wollte.

»Sie erinnern sich, dass viel über die 1 Prozent geredet wurde mit Verweis auf die Fat Cats an der Wall Street. Aber jeder, der hier gerade seine wertvolle Zeit investiert, gehört zu den wahren 1 Prozent – und das ist der Grund: Fragen Sie zehn Leute da draußen außerhalb dieser speziellen Atmosphäre hier und ich garantiere, neun von zehn geben die falsche Antwort. In welcher Maßeinheit bemessen wir Gold, Eisen, Eisenerz, Kupfer, Getreide und Rindfleisch und was ist deren aktueller Wert? Die Antworten auf diese Fragen zu kennen, verehrte Damen und Herren, ist der überwältigende Vorteil von 99 Prozent der Bevölkerung. Sie sind also die wahren 1 Prozent.«

Die clevere Art, wie er seinen Vortrag beendete, erinnerte mich an etwas, dass Johnny bei unserem ersten Treffen in meinem Haus gesagt hatte. Während Johnny das Beispiel des Big Mac benutzt hatte, machte es für mich jetzt, da ich wusste, wie viel ›Zeug‹ einen Big Mac möglich machte und was er wirklich kostete, viel mehr Sinn. Wenn ein Big Mac auf die wahre Inflation hinwies, war es völlig verfehlt, dass die Regierung im CPI (Consumer Price Index) Lebensmittel und Treibstoff ausschloss. Hand aufs Herz, bevor ich Johnny traf, hatte ich keine Ahnung, wieviel diese Bausteine unserer Wirtschaft kosteten. Es gab mir eine große Befriedigung zu wissen, dass ich nun auch zu den 1 Prozent gehörte.

9

DER KUPFERMINEN-MOGUL

»Wenn ich den Newsletter, den Sie mir empfohlen haben, nicht lesen würde, hätte ich die Quizfrage wohl nicht beantworten können«, sagte ich, als ich mit Johnny den Vortragssaal verließ.

»Dann haben Sie die Quintessenz verstanden.«

»Gold in Unzen, Kupfer in Pfund, Öl in Barrel, Getreide in Bushel und Rinder in Stück.«

»Und was noch wichtiger ist, Sie sind up to date bei den Preisen. So wie mit der Seifenoper, Sie können die täglichen, monatlichen und jährlichen Veränderungen verfolgen und wissen, was all das Zeug wirklich kostet«. Während wir zurück in die Ausstellungshalle gingen, zog mich Johnny zu einem Ausgang, weg vom Labyrinth der ausgestellten Investment-Gelegenheiten.

»Wohin gehen wir?«, fragte ich.

»Wir treffen einen Freund, jemanden der, glaube ich, wirklich erklären kann, woher all das Zeug kommt.«

Die Hotellobby war genauso gefüllt mit Leuten wie die Konferenzsäle selbst. Und mittendrin versteckt stand unser Milliardär und Minen-Tycoon, gestikulierend, mit einem Knopf im Ohr. Was tat Johnny da? Konnte er einfach zu dem Mann hingehen und ihm eine Frage stellen? Zu meiner Überraschung beendete der Tycoon sein Gespräch sofort, als wir auf ihn zugingen.

»Ich muss los«, sagte er der Person am anderen Ende der Leitung als er sich uns zuwandte und Johnny ansprach.

»Lange her, Sparky.«

»Auf die Minute genau ein Jahr.«

Ich war verwundert, wie Johnny so lässig von diesem Mann begrüßt wurde, der gerade Standing Ovations von einem Saal voller erfahrener Investoren bekommen hatte. Noch eindrucksvoller war, dass das Treffen, das wir wohl jetzt haben würden, offensichtlich weit im Voraus geplant worden war.

»Wer ist Ihr Freund, noch ein Bekehrter?«, fragte der Tycoon und reichte mir seine Hand zu einem kräftigen Händedruck.

»Doc Anderson, mein Hausarzt. Er hat es sich selbst zur Aufgabe gemacht, seinen Horizont zu erweitern bezüglich der Welt, in der wir leben.«

»Willkommen an Board, Doc. Haben Sie meine Quizfrage am Ende lösen können?«

»Die Antwort war leicht, nun, nachdem ich mich mit diesen Dingen beschäftige. Aber Sparky hier könnte Ihnen sagen, dass ich noch am größeren Bild des Puzzles arbeite«, sagte ich.

»Keine Sorge, Sie müssen Ihr Hirn nicht martern, Doc. Es ist ganz einfach. Die Menschen sind im Allgemeinen dem gegenüber völlig ignorant, was um sie herum geschieht. Sie hören den Lärm, aber nehmen die Musik nicht wahr.«

»Folgt mir Jungs«, sagte Johnny als die Menge um unsere kleine Gesprächsgruppe zu wachsen begann

Wir verließen das Hotel, überquerten die Straße und verschwanden in einer kleinen Gasse, wo wir uns in einem kleinen schicken Coffee Shop wiederfanden. Johnny erzählte, wie sie sich bei einer Konferenz in München kennengelernt hatten und welch lebensverändernde Erfahrung er machte, nachdem er dem Tycoon bei seiner ersten wesentlichen Rede zugehört hatte. Der Tycoon sah das scherzend etwas anders und erwähnte mehr als zwei Jahre von unermüdlichen E-Mails, die »Sparky« ihm schickte, bevor sie sich das nächste Mal begegneten.

»Es wurde ziemlich schwierig, jemanden loszuwerden, der so hartnäckig war. Ich habe immer darüber gelacht, ob dieser Typ wirklich glaubt, dass ich alle seine E-Mails auch lese.«

»Ich habe jede Frage gestellt, die mir in den Sinn gekommen ist«, erzählte Johnny. »Und dann habe ich Ihnen einfach jeden Monat meinen Blog geschickt.«

»Moment, welchen Blog?«, fragte ich ziemlich überrascht.

»Nach ein paar Jahren schickte mir mein Banker in Hong Kong ein Schriftstück, das von niemand anderem als Sparky hier verfasst worden war«, sagte der Tycoon, meine Frage offensichtlich überhörend. »Ich saß im Flieger und war gelangweilt, also habe ich es gelesen. Und es war gut, verdammt gut. Ich habe mir das gemerkt und beim nächsten Mal, als er mir eine E-Mail schickte, habe ich ihm endlich geantwortet.«

»Genau. Eine Antwort von genau zwei Worten, wenn ich mich recht entsinne – ›Gute Arbeit‹«, ergänzte Johnny.

»Worum ging es in dem Blog?«, fragte ich.

Anstatt meine Frage zu beantworten, stieß der Experte einen Mann mittleren Alters vor uns in der Warteschlange an.

»Entschuldigen Sie, ich habe eine kleine Wette laufen mit meinen Freunden hier. Wenn Sie meine Fragen beantworten können, dann zahle ich jedem in der Schlange einen Kaffee.«

»Klar Mann, schießen Sie los. Ich tue mein Bestes.«

»Wie viel kostet Kupfer?«

»Was?«

»Kupfer, das rote Metall?«

»So wie in einem Kupferrohr? Ich habe nicht die geringste Ahnung. Haben Sie keine Frage, die ich auch beantworten könnte?«

»Vielen Dank, sorry, dass ich gestört habe. Der Kaffee geht auf mich.«

»Prima. Vielen Dank.«

»Sehen Sie, was gerade passiert ist, Doc?«

»Wie konnten Sie erwarten, dass er diese Frage beantworten kann?«, fragte ich und fühlte mich langsam wohler mit dem ersten Milliardär, den ich je getroffen hatte. Er wirkte ein wenig sarkastisch, also sagte mir mein Bauchgefühl, dass ich mit diesem Unterton in unserem Gespräch arbeiten könnte.

»Sparkys Blogs handelten genau davon. Nur sehr wenige Menschen, und ich spreche hier über hochgebildete Leute, haben die geringste Ahnung, wo alles herkommt, geschweige denn was es wirklich kostet. Die Investmentwelt hat polarisiert, seit die Rohstoffpreise Anfang der 2000er angestiegen sind. Einige Analysten und Investoren denken, China ist eine Blase und wenn diese explodiert, fallen die Rohstoffpreise auf ihren langjährigen Durchschnitt zurück. Andere, ich eingeschlossen, denken, dass die Wachstumsphase rund um die Welt noch ein oder zwei Jahrzehnte andauern wird. Johnnys Blog beschäftigte sich mit beiden Seiten der Diskussion, wobei der wichtigste Teil war, dass der Otto Normalbürger keine Ahnung hat, ob Rohstoffe zu hoch oder zu niedrig bewertet sind.«

Wir setzten uns, um unseren Kaffee zu trinken. Johnny, oder wie wir ihn jetzt nannten, »Sparky«, lehnte sich zurück und ließ das Gespräch laufen. Es war klar, dass er mich die Erfahrung genießen ließ, während er gleichzeitig sein jährliches Update bekam von diesem Mann, den er so offensichtlich bewunderte. Das war ein großer Augenblick und ich war froh, dass ich Johnny kannte, und wusste zu schätzen, welchen Aufwand er betrieben hatte, mir diese Welt zu eröffnen.

»Nun, zuerst einmal wollte ich Ihnen sagen, dass ich Ihre Präsentation brillant fand. Damit haben wir das abgehakt«, sagte ich. »Ich will nicht klingen, wie ein Ökofreak, aber ich sah mich schon immer als Umweltaktivist, und es ist kein Geheimnis, dass Ihre Branche diesbezüglich ein düsteres Image hat, auch wenn ich weiß, dass es gute und schlechte Minen gibt. Aber wie kann ich meine Überzeugung wahren und in ein Minenunternehmen investieren?«

»Oh, Sie glauben also, Sie seien ein Kämpfer für die Umwelt?«, unterbrach er mich. »Ich bin der weltgrößte Befürworter von Green Energy und andererseits bin ich ein realistischer Umweltschützer. Ich träume von einer und ich glaube an eine Welt, in der wir jedes Jahr neue Technologien finden und unterstützen, die es möglich machen, weniger fossile Energieträger zu verbrennen. Das ist der Teil Umweltschützer. Ich bin realistisch, weil wir, wenn wir weniger Kohle, Gas und Öl verbrennen wollen, alles endliche Ressourcen, keine andere Chance haben, als Zugang zu den Bausteinen zu schaffen, die genau das für unsere zukünftigen Generationen möglich machen sollen. Hier eine Frage für Sie: Wird es in den kommenden Jahrzehnten mehr oder weniger Elektroautos geben?«

»Nun, das Problem mit Elektroautos sind Reichweite und Zuverlässigkeit, und ich würde sagen, jeder würde zustimmen, dass die Autohersteller mehr Elektroautos anbieten und Konsumenten wie Sie und ich mehr Elektroautos kaufen werden.«

»Sehr gut. Und wie werden wir diese Autos alle aufladen?«

»Mit Elektrizität natürlich.«

»Mit welcher Art Elektrizität? Die meisten Leute vergessen, dass man auch diese Autos antreiben muss und zwar mit Strom, und der Großteil des produzierten Stroms rührt von Öl, Gas und Kohle her. Ich bin für weniger fossil erzeugten Strom und für mehr Innovation, Green Energy, und mehr Menschen, die das möglich machen.«

»Ok. Also wie Sparky uns immer sagt, je grüner und sauberer wir Energie produzieren, desto höher der Bedarf an Kupfer.«

»Ja. Die Gesellschaft braucht Zugang zu Kupfer. Kupfer ist nicht nur das rote Metall, es ist auch das grüne Metall. Kein Wunder, dass es zu einem brillanten Türkis oxidiert. Vielleicht hat der weise Mann da oben uns damit einen Hinweis auf die vielen Einsatzmöglichkeiten von Kupfer gegeben.«

»Hab ich verstanden. Aber es benötigt schon ein bisschen mehr Überredungskunst, bevor ich zum größten Fan und Fürsprecher von klassischem Bergbau werde.«

»Selbst wenn Sie der größte Umweltschützer der Welt wären, wäre es wohl höchst ineffizient, den Menschen in Entwicklungsländern Umweltpolitik vorzuschreiben, richtig?«

»Wir können Bildung nutzen. Niemand will verschmutzte Luft atmen. Dennoch, zu verlangen, dass Menschen in den Wachstumsregionen dieser Welt Deluxe-Systeme installieren, um den Ausstoß von Kohlendioxid zu minimieren, ist ein äußerst schwieriges Unterfangen. Soweit sind wir gleicher Meinung.«

»Also sind Information und Bildung der bessere Weg. Man muss mindestens zu seinen Meetings fliegen, man will heiß duschen und up to date bleiben mit Informationen aus Presse und Fernsehen. Werden Flugzeuge aus Bambus gemacht? Können wir drucken ohne Papier? Oder kann man die letzte Veröffentlichung von Greenpeace auf seinem E-Reader lesen, ohne ihn gelegentlich an die Steckdose zu hängen? Wie werden die Samen für den Gemeindegarten geliefert und wo kommt das Wasser her, um sie wachsen zu lassen, wenn man in Arizona lebt? Was glauben Sie, woher die Grundbausteine von allem kommen, was wir brauchen? Aus der Erde. Daher kommt das alles.«

»Die Diskussion hatten Johnny und ich schon«, antwortete ich. »All das Zeug hier oben, aus dem fast immer ein Kabel hängt, kommt von den Rohstoffen da unten.«

»Genau. Ich bin froh, dass wir da einer Meinung sind. Zum Zweiten haben wir anzuerkennen, dass wir, der Westen und die Umweltschutzbewegung, die Entwicklungsländer nicht davon abhalten werden können, auch das haben zu wollen, was Sie und ich als selbstverständlich ansehen. Auch sie wollen schlicht ein besseres, gesünderes und bequemeres Leben für ihre Familien.«

»Es gibt keine Armee, keine Regierung und keine religiöse Macht, die sie aufhalten könnte«, sagte ich.

»Hey, das ist mein Satz!«, gab der Milliardär augenzwinkernd zurück.

Johnny brachte sich ein mit seiner Zustimmung zu den Äußerungen des Tycoons. Man konnte sehen, wie ein Jahrzehnt unter den Experten auf ihn abgefärbt hatte. Dieser Einfluss fing sogar schon an, sich auf die Verben und Substantive auszuwirken, die ich benutzte.

»Was wir auch nicht kontrollieren können, ist die Urbanisierung der Menschen. In den letzten zwanzig Jahren konnten sich fünfhundert Millionen Menschen der Armut entziehen. Die fünfhundert davor brauchten atemberaubende hundert Jahre dafür, weil Veränderung in der Vergangenheit viel länger gedauert hat. Man schätzt, dass die nächsten fünfhundert Millionen schon in einem Jahrzehnt am Konsumleben teilnehmen werden. Man stelle sich also den Prozess vor, der daraus folgt.«

»Wenn die Menschheit diese massive Migration also nicht stoppen kann, sollte es dann nicht jedermanns Pflicht sein, eine bessere, langfristigere Lösung zu entwickeln, die diesen neuen Konsumenten und damit auch allen anderen hilft?«

»Es stimmt, dass wir sie nicht aufhalten können. Also hat man als Investor zwei Möglichkeiten – entweder Opfer werden oder antizyklischer Investor, oder wie Sie lieber sagen, Teilnehmer. Sie haben wahrscheinlich schon von dem Begriff NIMBY gehört?«, fragte der Tycoon höflich.

»›Not in my backyard.‹«

»Nun, es gibt noch eine extremere Version diese Phänomens genannt ›BANANA‹ – ›build-absolutely-nothing-anywhere-near-anyone‹; baut absolut gar nichts, nirgends, bei niemandem. Das ist alles prima, wenn man so Dinge wie Krankenhäuser, Fahrräder oder Lebensmittel nicht braucht, Dinge die in New York City, Tokyo und Bangladesch aber ganz praktisch sind. Dennoch gibt es Gruppierungen, die null Fortschritt und null Entwicklung für alle anderen wollen, während sie selbst in einer Welt mit allem erlangten Komfort leben. Ich glaube Einstein hat mal gesagt, ›es ist einfacher ein Atom zu spalten als Vorurteile‹. Es wäre nach meiner persönlichen Meinung eine bessere Einstellung, die Dinge, ohne die die Menschen nicht leben können, so schonend wie möglich zu erzeugen.«

»Das also macht Sie zum weltbesten Umweltschützer? Sie wollen die Dinge, die eine grünere Welt unterstützen, auf die sauberste und sicherste Art fördern?«

»Unbedingt. Aber lassen Sie uns noch einen Schritt weitergehen. Sind wir auch einer Meinung, dass wir beide als umweltfreundliche Menschen damit scheitern würden, den Regierungen von China und Indien und dem Rest der Entwicklungsländer Vorschriften zum Umweltschutz zu machen?«

»Natürlich. Sie wären schwerer zu überzeugen als die Bürger selbst.«

»Sind wir auch einer Meinung, dass die Menschheit ›Zeug‹ braucht und dass das mit einer BANANA-Einstellung geradezu unmöglich wäre?«

»Auch dagegen kann ich nichts sagen.«

»Und können wir uns auch noch darauf einigen, dass das meine Branche durch verantwortungsvollen Mineralienabbau genau die Produkte nach vorne bringen sollte, die eine grünere Welt ermöglichen – weil wir das Know-how haben und die Bandbreite an Möglichkeiten kennen?«

»Sie sind genau auf dem richtigen Weg.«

»Also sprechen wir über den Lebenssaft einer jeden Wirtschaft, über den unbestrittenen König der Metalle, das Metall, das man braucht, wenn Gesellschaft und Industrie sauberere Energie und blauen Himmel verlangen.«

»Kupfer.«

»Genau. Kupfer, das wahrhaft grüne Metall, das sich nur hinter einer roten Farbe versteckt.«

»Sie sagen also damit auch, dass wir hypothetisch ohne Öl oder mit deutlich weniger Öl, Kohle oder anderen fossilen Brennstoffen leben könnten, wenn wir es durch mehr Kupfer ersetzten?«

»Sparky, das wird Doc Andersons Glückstag heute.«

»Wie das?«, fragte Johnny, der sich schweigend zurückgehalten hatte, während der Tycoon und ich unsere Argumente austauschten.

»Sie sind aus dem Pazifischen Nordwesten, also sind sie von Hause aus ein Grüner. Ihr seid dort die Pioniere der Bewegung«, fuhr der Tycoon fort.

»Also warum mein Glückstag?«, fragte ich.

»Weil Sie es schon richtig auf den Punkt gebracht haben. Denken Sie über die Implikation Ihrer Aussagen nach. Kann eine Gesellschaft oder irgendein Individuum den Ölverbrauch deutlich reduzieren? Die Antwort kennen wir alle als widerhallendes ›Ja!‹. Wie geht das, grüner und sauberer werden? Neben anderen Dingen ist Kupfer eine tragende Säule dieser Strategie, heute, morgen und weit in die Zukunft hinein.«

»Na gut. Aber ich verstehe noch nicht, wie das diesen Tag zu meinem Glückstag macht.«

»Ich habe eine Stunde Zeit bis zu meinem ersten offiziellen Meeting, und ich habe das Frühstück ausfallen lassen. Also nehmen wir ein frühes Mittagessen ein. Dank Sparkys Betreuung wissen Sie jetzt, wo Kupfer gebraucht wurde, gebraucht wird und am wichtigsten, in der Zukunft gebraucht werden wird, und zwar in zunehmender Menge wegen des von Ihnen gerne zitierten Satzes: Aus allem, was wir kaufen, hängt ein Kabel. Was wir also in der nächsten Stunde machen werden, ist Sie zu einem Kupfer-Experten zu machen. Woher es kam, kommt und was Ihren Glückstag angeht, auch wo die zukünftigen Vorkommen von Kupfer herkommen werden. Wir nennen es mal den Crashkurs ›Kupferbergbau 101‹.«

»Ich soll während des Mittagessens alles darüber lernen?«

»Wie ich schon sagte, Crashkurs-Version, Doc. Und üblicherweise müssten Sie ein Großinvestor sein, um diese Aufmerksamkeit zu bekommen.«

»Oh, ich beschwere mich nicht.«

Während wir den Coffee Shop verließen und ein paar Blocks weiter zu einem Steak House gingen, legten wir die Grundbedingungen für die Lehrstunde ›Kupferbergbau 101‹ fest: Erstens, der globale Energieverbrauch ist in den letzten hundert Jahre immer nur nach oben gegangen. Kein Kupfer hieß keine Elektrizität, Punkt. Zweitens stimmten wir überein, dass wir als umweltbewusste Individuen eine verantwortungsvolle Förderung natürlicher Rohstoffe brauchen und dass es in der Verantwortung der Industrie liegt, diese Rohstoffe für grünere Lösungen in der Welt auch zugänglich zu machen.

Als wir uns zum Mittagessen setzten, verlangte der Tycoon, dass wir beide, Johnny und ich, ihm gegenüber sitzen. Es fühlte sich immer noch komisch an, dass dieser bekannte, reiche Mann sich die Zeit nehmen würde, sich mit uns zusammenzusetzen. Das war eine einmalige Branche. Es wäre unmöglich, auf ähnlicher Ebene Zugang zu einem Hightech-Milliardär zu bekommen.

»Missverstehen Sie mich nicht, wenn ich das frage, weil ich eingeschüchtert bin, aber warum nehmen Sie sich die Zeit, mir, einem einfachen Allgemeinmediziner mittleren Alters, Ihre Philosophie zu erklären?«

»Oh, diesen Teil hat Sparky Ihnen wohl nicht erzählt. Sie haben nur eine kleine Aufgabe, nachdem Sie den Kupferbergbau-101-Crashkurs beendet haben.«

»Jetzt kommt. Lassen Sie mich raten. Ich soll Ihre Aktien kaufen?«

»Ha! Nein. Sie würden den Zeiger an der Preisanzeige nicht mal bewegen, wenn Sie das täten. Aber Sie sollen ein proaktiver Umweltaktivist werden und das heißt, Sie müssen mir versprechen, dass Sie ein Botschafter des grünen Metalls werden.«

»Das bin ich ja schon längst. Ich hoffe nur, ich kann mithalten mit dem, was mir jetzt präsentiert wird.«

»Das wichtigste Prinzip Ihrer Kupferbergbau-Ausbildung ist es, den Unterschied zwischen Angebot und Nachfrage zu verstehen. Nachfrage, wie Sie schon wissen, ist alles, was Kupfer drin hat, während Angebot den Abbau neuen Materials und das Recycling alten Materials beinhaltet. Die Nachfrage hat seit 1900 jedes Jahr um 3 Prozent zugenommen, zwischendurch auch mal um 5 Prozent. Ich würde sagen, dieses langfristige 3-Prozent-Wachstum ist eine verlässliche Statistik, nennen wir es eine Konstante.«

»Und wenn wir die 72-Regel anwenden, können wir feststellen, dass sich die Kupfernachfrage rund alle vierundzwanzig Jahre verdoppelt hat.«

»Sehr gut. Das ist dann einfach für Sie. Aber die Nachfrage ist nicht der springende Punkt, die Frage ist, ob das Angebot mithalten kann.«

»Nochmal bitte.«

»Ein zu hohes Kupferangebot bei nachhaltiger Nachfrage führt zu niedrigen Preisen, während ein zu niedriges Kupferangebot einen Aufpreis bedeutet.«

»Ich dachte, Sie sagten Bergbau 101. Es scheint, als beschrieben Sie Wirtschaft 101 – die Gesetzmäßigkeiten von Angebot und Nachfrage.«

»Ich benutze dazu gerne die Analogie mit den Sitzplätzen in der Oper. Wenn es in dem Saal 100 Stühle gibt und 99 Gäste wollen sitzen, dann wird es für die Sitzplätze keinen Aufpreis geben. Wenn aber 101 oder 102 Gäste sitzen wollen? Voila! Wer kann sagen, was jemand bereit ist, mehr zu zahlen, um einen Platz zu bekommen. Kupfer, das zum großen Teil aus alten Minen und ein paar neuen des vergangenen Vierteljahrhunderts kommt, konnte mit der Nachfrage, die in den letzten hundert Jahren bei 3 Prozent bis 5 Prozent lag, immer mithalten. In den letzten Jahren gab es immer ein bisschen zu viel.«

»Was einen Aufpreis ziemlich unmöglich macht.«

»Sie würden die Prüfung bestens bestehen. Also lassen Sie uns überlegen, was Angebot in diesem Zusammenhang wirklich bedeutet. Kupfererz, klassifiziert als Gestein mit einem Mineralgehalt, wird abgebaut, meistens durch Sprengung mit Sprengstoff in einer großen Tagebaumine oder unter der Erde und dann zur Verarbeitung transportiert. Die Verarbeitung erfolgt auf ein oder zwei Arten, die traditionelle Art, genannt »Flotation« oder die modernere Art, genannt »Solvent Extraction«. Ich beschreibe beide ganz kurz. Flotation wurde in den frühen Tagen des modernen Bergbaus entwickelt und war seitdem die am meisten verbreitete Methode. In den späten 1960ern wurde eine neue Art der Verarbeitung entwickelt, genannt »Solvent Extraction and Electrowinning«, auch genannt S-X-E-W.«

»Das geht schon ziemlich tief. Ich verliere langsam den Überblick mit den ganzen Fachausdrücken.«

»Ganz ruhig. Das ist der Grund dafür, dass die Kupferpreise vierzig Jahre lang so niedrig waren. Die grundsätzlichen Unterschiede dieser zwei Arten der Verarbeitung sind, dass der Flotationsprozess das Kupfererz konzentriert, damit es ökonomisch sinnvoll zur Verhüttung und zur

Veredelung transportiert werden kann. Kupfererz im Boden hat nur 1 Prozent Kupferanteil und mehr als 99 Prozent Abfallgestein. Es muss also ausgehoben und so konzentriert werden, dass es einen 25 Prozent bis 40 Prozent Kupferanteil erhält. Dann wird dieses hochgehaltvolle Material zur Verhüttung transportiert, ein Ausdruck, den Sie sicherlich schon mal gehört haben.«

»Das ist der Vorgang, in dem das Material geschmolzen wird, um reines Kupfer zu gewinnen, richtig?«

»Genau. Die Verhüttung bringt das Material auf 99 Prozent, wenn es zu reinem Kupfer raffiniert wird. Das ist dann das rote Metall, dass Sie aus Kupferkabeln oder von Kupferrohren kennen.«

»Ok. Und was ist mit SXEW? Was ist der Unterschied?«

»Solvent Extraction ist ein zweistufiger hydrometallurgischer Prozess, der in den USA in den 80ern und in Chile in den 90ern eingeführt und weiterentwickelt wurde. Er war wichtig, um Erzvorkommen mit niedrigem Kupfergehalt zu erschließen, wie sie auch in den Abraumhalden bestehender Minen gefunden werden, deren Ausbeute vorher unwirtschaftlich war. Dieser Prozess findet immer vor Ort statt, wobei der SX-Teil das auslaugbare Kupfer extrahiert, das dann über das Electrowinning, den EW-Teil, auf 99 Prozent Metallgehalt konzentriert wird. Wenn dieses Kupfer dann die Mine verlässt, kann es zu reinem Kupfer raffiniert werden, ohne dass es eines Schmelzprozesses bedarf.«

»Sie haben also keinen Witz gemacht, als Sie diesen Crashkurs als ›Kupfer 101‹ ankündigten. Was hat das nun mit Angebot und Nachfrage zu tun?«

»Sie wissen schon, dass Kupfer in Pfund gehandelt wird. Egal, an den großen Metallbörsen der Welt, wohin das überschüssige Angebot geht, wird es auch in Tonnen gehandelt. Eine Tonne hat genau 2.204,6 Pfund

Kupfer. Stellen Sie sich vor, dass der Kupferpreis von den 60ern bis Anfang der 2000er nur ein paar Dutzend Cents schwankte von 60 Cent pro Pfund bis etwas über einen Dollar.«

»Ist das der Grund, warum viele Analysten und Experten meinen, der Kupferpreis könnte auf das Niveau des vierzigjährigen Preiszyklus zurückfallen?«

»Erinnern Sie sich an die Sitzplatz-in-der-Oper-Analogie? Während dieser vierzig Jahre gab es fast immer ein etwas zu hohes Angebot. Dafür gab es verschiedene Gründe. Erstens, die großen Minengesellschaften wurden von Männern geführt, die ihr Ego dadurch bemaßen, immer größere Minen zu bauen. Die größten Minen heutzutage wurden nicht in diesem Zyklus gebaut. Ein zweiter Grund war, dass die Anzahl der Endverbraucher zurückgegangen war. Nach dem Zweiten Weltkrieg hatte sich der Westen bis zu einem Punkt entwickelt, an dem der Pro-Kopf-Verbrauch von Kupfer und anderen Metallen stagnierte, als alle neuen Gegenstände in Gebrauch genommen waren. Dann, als in den 80ern und 90ern neue Techniken, wie SXEW, angewendet wurde, verschlimmerte sich die Lage noch. Und zuletzt, als die Welt schon mit Rohstoffen überflutet war, führte das Ende des Kalten Krieges dazu, dass eine Welle ›billigen‹ Abraummetalls die Märkte überschwemmte. Als am 9. November 1989 in Berlin die Mauer fiel, öffnete sich der eiserne Vorhang für ein Angebot von drei der größten Minenkomplexe der Welt. Sie hörten auf, die Militärmaschinerie zu füttern und schütteten all das Metall in einen ohnehin schon überfütterten Markt.«

»Also hatten wir in diesen Jahren zu viele Stühle und nicht genug Menschen, alle zu besetzen?«, fragte ich.

»Der Kupferpreis erreichte 2002 ein inflationsbereinigtes Allzeittief von 70 Cent pro Pfund. Das war niedriger als die meiste Zeit der 70er und 80er.«

»Was hat sich also verändert?«

»Die Industrie hörte letztlich auf, neue Kupferminen zu bauen. Aber sie gingen noch weiter. Durch die 90er hindurch kürzten die großen Minengesellschaften ihre Investitionen und reduzierten ihre Explorationsteams, die die eigentliche Forschungs- und Entwicklungsabteilung eines Rohstoffunternehmens sind. Wo würde das zukünftige Angebot herkommen? Wenn niemand in neue Lieferungen investierte, was würde die Zukunft bringen? Wir erinnern uns daran, dass die Nachfrage sogar in den mageren Jahren immer gestiegen war und inzwischen endlich neue Kunden aus Volkswirtschaften mit 10 Prozent und mehr Wachstum pro Jahr den Markt betraten. Anders als in den Industrienationen starteten diese Leute von einer niedrigen Basis. Sie brauchten noch die einfachen Grundbausteine für den Aufbau ihrer Gesellschaft. Sie brauchten Kupfer, Stahl und Öl, um zu wachsen, ähnlich wie die USA und Europa um den vorletzten Jahrhundertwechsel.«

»Lassen Sie mich das mal verdauen. Der Kupferpreis lag 2002 bei 70 Cents pro Pfund, so wie schon in den 70er und 80er Jahren. Wie viel Gewinn war da für die Kupfermineninindustrie drin?«

»Gewinn im Jahr 2002? Sie machen Witze. Ein befreundeter Börsenmakler hatte dafür eine großartige Beschreibung. Die Minenunternehmen versuchten ihre Verluste wettzumachen durch Erhöhung der Produktion! Minenaktien waren die Lachnummer der Börsen, eine perfekte Seite-16-Story. Jahre des fortgesetzten Wachstums in den Emerging Markets absorbierten langsam aber sicher das idiotische Überangebot an Kupfer, einen drei Jahrzehnte dauernden Überhang. Im Oktober 2003 kam es zum Wendepunkt. Der Markt hatte vergessen, dass das Angebot durch zahlreiche unvorhersehbare Umstände, wie Stromausfall, Streiks oder das Wetter unterbrochen werden konnte.«

»Sie sagen damit also, dass die Nachfrage nachhaltig und berechenbar ist und Sie die Statistiken haben, das zu beweisen – das Angebot aber quasi augenblicklich abbrechen kann, wenn etwas passiert.«

»So sieht's aus. Die schlimmste Angebotsunterbrechung ist höhere Gewalt, die hat die Kupferindustrie im Oktober 2003 voll erwischt. Das war dann der Wendepunkt, der Jahrzehnte niedriger Preise beendete. Grasberg, die zweitgrößte Kupfermine der Welt in Indonesien, wurde handumdrehend geschlossen, als eine riesige Grubenwand einbrach.«

»Eine Grubenwand einbrach?«

»Ja. Durch viel zu viel Regen wurde eine ganze Seite eines riesigen Tagebaus instabil und rutschte ab. Die Mine wurde für eine unbestimmte Zeit stillgelegt. In der Konsequenz drängelte sich plötzlich jeder in den Markt, der sich mit Kupfer beschäftigte, es produzierte oder damit handelte, um das Unterangebot auszugleichen, das mit Sicherheit folgen würde. Diese Kupfermine alleine trug 5 Prozent zur weltweiten Kupferproduktion bei.«

»Das führte also dazu, dass die Sitzplätze in der Oper plötzlich einen Aufpreis bekamen und der Kupferpreis endlich von den absurden Tiefstständen aufstieg?«

»Und ob. Dieser Wendepunkt beförderte den Kupferpreis von 70 Cent auf 4,00 Dollar pro Pfund Anfang des Jahres 2006, ein nie dagewesener Sprung. Denken Sie daran, dass der Kupferpreis sonst immer nur um ein paar Dutzend Cent schwankte und plötzlich sprang er um 3,00 Dollar in nur zweieinhalb Jahren.«

»Was für ein Geschäft!«

»Das Problem war nur, das niemand in der Branche das glauben wollte. Die meisten Vorstände, Experten und Investoren in der Kupferindustrie dachten, der Anstieg sei nicht nachhaltig. Viele haben ihre Aktienoptionen zu Geld gemacht, als der Kupferpreis sich ein paar Zentimeter nach oben bewegte. Sie hätten nie davon geträumt, dass sich der Preis mal über 1,00 Dollar halten würde.«

»Die Kupferproduzenten müssen sich dumm und dämlich verdient haben, wenn sie an Verkäufe zu 70 Cent gewöhnt waren und jetzt 3,00 Dollar pro Pfund und mehr bekamen.«

»Einige Unternehmen prosperierten. Andere, darunter bekannte Minen, haben ihre zukünftige Position langfristig bei 85 Cent und später bei 1,25 Dollar abgesichert und so in ihrer Weisheit über solche Hedge-Geschäfte alle möglichen Gewinne die Toilette runtergespült. Das waren dann die gleichen ›Insider‹, die ihre Optionen eingelöst haben, als der Preis über einen Dollar ging. Ein Wirtschaftshistoriker aus Chicago hat dazu einen schönen Satz geprägt: ›Investiere in eine Branche in der diejenigen, die sie am besten kennen, sie am wenigsten lieben, denn sie sind am meisten enttäuscht worden.‹«

»Autsch. Also haben sie den Verkauf des zukünftigen Angebots bei 85 Cents und 1,25 Dollar eingeloggt, während die Preise weiter bis über 3,00 Dollar pro Pfund stiegen? Was ist aus diesen Unternehmen geworden?«

»Raten Sie mal. All ihre erstklassigen Assets wurden günstig von Wettbewerbern eingesammelt. Sie kannten die Kupferindustrie, wie alle anderen auch. Und sie waren über Jahrzehnte durch niedrige Preise bestraft worden, also hatten sie einfach kein Vertrauen. Hätten sie nur besser verstanden, dass sie hunderte Millionen neue Kunden bekamen.«

»Die neue Käuferschicht wurden die neuen Kunden von Big Copper.«

»Der berühmte Investor Sir John Templeton würde erschaudern, wenn jemand etwas gegen sein ›diesmal ist es anders‹-Zitat sagt, von dem er meinte, diese vier Worte seien die gefährlichsten Worte in der Investment-Welt. Aber dieses Mal WAR es anders. Diese Hunderten von Millionen von Menschen zogen in die Städte und die führenden Köpfe in der Kupferindustrie haben das nicht erkannt.«

»Wirkt sich das immer noch auf die Märkte aus? Wenn diese Entscheidungsträger, die eigentlich Experten im Kupferbergbau sein sollten, so eine offensichtliche Chance verpasst haben, könnte dann das Gleiche heute wieder passieren?«

»Ich sagte Ihnen schon, dass die sogenannten Experten der Kupferindustrie und Rohstoffgewinnung im Allgemeinen noch nie so polarisiert waren«, fuhr unser Experte fort. »Sehen ist glauben, und es bedarf einer Menge Recherche, sich in die Materie richtig einzuarbeiten. Aber das, was wir mit einem hohen Maße an Verlässlichkeit wissen, dass eine Milliarde neuer Konsumenten in den nächsten zehn bis zwanzig Jahren den Zugang zu einfachem Fortschritt fordern werden. Die Antwort liegt in der verlässlichen Annahme, dass diese Menschen fortfahren werden, mehr Dinge zu konsumieren. Und das ist meiner Meinung nach nicht aufzuhalten. Aber um zum Thema zurückzukommen, wo kommt all das Kupfer her, über welche Länder und wie viele Minen reden wir?«

Er ließ diese Frage für einen Moment im Raum stehen, während wir darüber nachdachten. Dann fuhr er fort.

»Die Tage, an denen große Minenunternehmen sich frei entscheiden konnten, wo sie investieren wollten, sind vorbei. Jeder, der glaubte oder noch glaubt, dass Politik keinen Einfluss auf die Rohstoffpreise hat oder darauf, wo und wie man sich in der Förderindustrie engagiert, ist entweder ein Narr oder ein verdammter Narr. Der größte Kupferproduzent ist Chile und der größte Konsument von Kupfer ist China – das sind die Fakten. Die primäre Produktion von Kupfer kommt vom Bergbau, daher der Begriff ›primär‹. Und die sekundäre Produktion kommt vom Recycling, das rund 15 Prozent des Marktes ausmacht.«

»Wir wissen nun, dass die Nachfrage über ein Jahrhundert lang um 3 Prozent pro Jahr gestiegen ist. Das Problem, dem wir jetzt begegnen: Wir müssen beim Angebot mit der Geschwindigkeit der Nachfragesteigerung mithalten. Im Jahr 2012 hat die Welt erstmals 20 Millionen Tonnen Kupfer verbraucht. Wenn die Nachfrage um 3 Prozent steigt, heißt das, dass wir 600.000 Tonnen neue Kupferproduktionskapazitäten brauchen, um mit der verlässlichen Nachfrage mitzuhalten, ohne

Minenschließungen und Reserven-Abbau einzubeziehen. Sie glauben sicher nicht, dass diese Minen ewig produzieren?«

»Wie viel sind 600.000 Tonnen? Ist das eine kleine, mittlere oder große Kupfermine?«

»Die weltweit größten fünfzehn Minen stehen für rund 50 Prozent der primären Kupferproduktion. Das ist unglaublich, wenn man mal darüber nachdenkt. Nur fünfzehn Minen! Die größte Mine der Welt in Chile produzierte im gleichen Jahr 2012 eine Million Tonnen. Die meisten der fünfzehn Minen produzieren im Durchschnitt 250.000 bis 300.000 Tonnen Kupfer pro Jahr. Also, um Ihre Frage etwas umständlicher zu beantworten: die Branche muss jedes Jahr zwei oder drei große Minen bauen, um mit der verlässlichen Wachstumsrate von 3 Prozent mitzuhalten. Wie sieht es aus mit 4 Prozent oder 5 Prozent Wachstum, wie zum großen Teil des letzten Jahrzehnts? Können Sie sich vorstellen, was es kostet eine Kupfermine zu errichten, die 250.000 Tonnen im Jahr produzieren kann?«

»Keine Ahnung. Ich würde denken, eine ganze Menge.«

»Moderne Minen kosten im Aufbau mit allen Kosten für Sicherheit und Umweltbelange fünf Milliarden und mehr. Die Tage mit 20 Dollar pro Barrel Öl für die Infrastrukturprojekte sind Vergangenheit. Vor zwanzig oder dreißig Jahren ist man mit 1 Milliarde Dollar noch weit gekommen, wenn man eine Mine errichten wollte. Heute reicht das nicht einmal für die Anzahlung.«

»Moment mal. Vor einer Minute sagte Sie noch, dass die Tage vorbei sind, als Minengesellschaften sich aussuchen konnten, wo sie investieren wollten. Das bedeutet, es gibt für sie keine ›sicheren‹ und ›einfachen‹ Orte mehr, um neue Minen zu errichten. Sie sagten auch, dass die Forschungs- und Entwicklungsabteilungen der großen Minengesellschaften nach den Jahren niedriger Preise geschlossen wurden. Jetzt sagen Sie, wir müssten jedes Jahr drei mittlere Minen errichten, um der Nachfrage zu begegnen. Wie machen die das?«

»Sie machen es nicht. Und das ist mein Raison d'Être. Je länger keine nennenswerte neue Produktionsstätte erschlossen wird, desto mehr spannt sich die Sprungfeder in Richtung langfristig höherer Kupferpreise. Außerdem wurden die Lagerstätten der Zukunft kleineren Unternehmen überlassen, die sich mehr auf Forschung und Entwicklung als ihr Geschäftsfeld konzentriert haben als auf die Produktion. Sie beschäftigen oft genau die Geologen und Ingenieure, die die großen Unternehmen in den 80ern und 90ern rausgeschmissen haben. Leute wie ich werden unsere hochwertigen Mineralvorkommen an die großen Gesellschaften verkaufen, wenn die bereit sind, in die Weiterentwicklung zu investieren. Das braucht aber langfristig höhere Preise – das ist Ihre Versicherungspolice.«

»Das sind dann die spekulativen Junior-Minenaktien, die Leuten wie mir richtig Angst einjagen«, gab ich zu.

»Leider haben Sie Recht. Es gibt so viel Dummheit, die das ansonsten rationale Denken beeinträchtigt, dass die Mehrheit der kleinen Investoren oft geschröpft wird.«

Das war ein guter Zeitpunkt für Johnny, um mit seinem erinnerungswürdigen George Bernhard Shaw-Zitat zu kommen: »Es wurde von der Oberschicht und der Unterschicht erfunden, um die Mittelschicht zu schröpfen.«

»Wem sie bei Ihren Investments folgen, ist Ihre Sache«, fuhr unser Experte fort. »Mein Job ist es, die Grundlagen zur Verfügung zu stellen, um die Frage zu beantworten: Woher wird all das Zeug kommen? Hier sind die kalten Fakten. Wir sprechen über das Jahrzehnt 2002 bis 2012, weil in dieser Zeit, als die Preise gen Himmel schossen, in der Rohstoffbranche so viel passiert ist. 2002 wurden durch Rohstoff Unternehmen 2,2 Milliarden Dollar Kapital für spekulative Exploration oder Forschung und Entwicklung, wenn man es so nennen will, am Markt eingesammelt. Im Jahr 2012 waren es 29,2 Milliarden. Tatsächlich wurden zwischen 2002 und 2012 136 Milliarden Dollar weltweit für Rohstoffexploration eingesammelt. In dieser Zeit gab es 647 maßgebliche neue Mineralienfunde. Aber nur 18 davon konnte man als hochwertig einstufen. Obwohl es einen zehnfachen Anstieg der Investitionen in Forschung und Entwicklung gegeben hatte, erzielte man einfach keine angemessenen Ergebnisse.«

»Wie kann das sein?«, fragte ich. »Wie kann eine Branche zehn Mal so viel Geld ausgeben und so wenig damit erreichen?«

»Einer der Gründe liegt in der mangelnden Expertise. Denken Sie daran, dass die Minenindustrie düstere Jahre hinter sich hatte, in denen es wenig Wissensfortschritt gab. Wer wollte in den 90ern lieber Geologe werden als Programmierer? Ganze Geologie-Abteilungen großer Universitäten wurden geschlossen. Und viele, die sich für eine Ausbildung in dem Bereich entschlossen, gingen nicht in die Industrie, sondern zu Nicht-Regierungsorganisationen, die dem Fortschritt nicht positiv gegenüber standen.«

»Das verstehe ich. Aber es muss einen wichtigeren Grund gegeben haben, warum eine Verzehnfachung der Ausgaben für Forschung und Entwicklung so wenig Ergebnisse brachte.«

»Die ernüchternde Tatsache war, dass alle die niedrig hängenden Früchte schon gepflückt waren.«

»Sie wollen mir doch nicht sagen, dass Bergbau ein extrem schwieriges Geschäft ist, oder?«

»Die Zeiten, in denen man eine Mine in fünf Jahren von der Entdeckung bis zur Produktion geführt hat, sind lange vorbei. Im Durchschnitt dauert es nun fünfzehn Jahre ab der Entdeckung, bis ein Unternehmen das erste Pfund aus dem Boden holt. Auch der Gehalt ist viel niedriger als in der Vergangenheit. Sie erinnern sich, dass ich sagte 1 Prozent Kupfer und 99 Prozent Abraummaterial? Jetzt liegt der durchschnittliche Kupfergehalt bei 0,6 Prozent mit 99,4 Prozent Abraum. Das heißt in der

Konsequenz, dass die Minenarbeiter fast zweimal so viel Erde bewegen müssen, um die gleiche Menge an Kupfer zu erhalten.

Neuere Lagerstätten werden tiefer sein und abgelegener und regelmäßig in Ländern liegen, die nicht die gleiche politische Sicherheit bieten wie Arizona und Chile. Es ist nicht nur schwierig, in den abgelegenen Teilen der Welt neuen Lagerstätten zu finden, stellen Sie sich vor, wie es die Kosten treibt, wenn man ohne Infrastruktur in weniger freundlichen Gegenden fördern muss. Die Zukunft des Kupferabbaus wird in der Mongolei, in Pakistan, dem Kongo und sogar in Afghanistan liegen.«

»Wenn die Industrie so kompliziert ist und mit so vielen Herausforderungen zu kämpfen hat, warum sollte man sich dann damit abgeben?«

»Oh, das ist ja gerade die großartige Gelegenheit. Wenn die Welt in den nächsten zwanzig Jahren so viel Kupfer benötigt wie in den letzten hundert Jahren, woher wird es kommen? Vielleicht aus den hochwertigen Lagerstätten, die schon entdeckt wurden«, beantwortete er seine eigene Frage. »Ein Unternehmen, das in einem politisch stabilen Teil der Welt Kupferreserven hat, die nicht durch einen Hedge gebunden sind, stellt einen enormen Hebel für den zukünftigen Kupferpreis dar. Und bedenken Sie, weil es sich um Kupfer ›in the ground‹ handelt, gibt es keine Lagerungskosten. Es wird für Cents pro ›pound in the ground‹ angeboten. Um den finanziellen Wert dieser Reserven zu heben, muss es langfristig höhere Kupferpreise geben. Das ist dann Ihre Versicherungspolice für zukünftig höhere Preise.«

Das klang logisch, aber ich konnte den Gedanken nicht verdrängen, dass die Bergbauindustrie ein schwieriges Geschäft war, mit Chancen, aber auch mit reichlich Gefahren, über die ein Investor leicht stolpern konnte. Doch die Gelegenheit kam in Gestalt eines Trends von verlässlichem Wachstum bei Bevölkerung, Energiebedarf und der größten Migration der Menschheitsgeschichte. Nach Meinung des 4-Prozenters, mit dem ich gerade zu Mittag aß, ist das nächste große Kupfervorkommen, das es zu entwickeln gilt, schon gefunden worden und alles, was Investoren wie ich machen mussten, war nur, es aufzuspüren und zu warten.

»Also, wo wird der Kupferpreis hingehen?«, fragte ich unseren Experten, während wir die Rechnung bezahlten. Ich zog meine Kreditkarte, aber er winkte ab und machte mit seinem Vortrag weiter.

»Ich habe keine Ahnung. Aber solange wir ein Umfeld haben, in dem 100 Leute versuchen, auf 99 Plätzen zu sitzen, werden wir ›stronger for longer‹ bei den Kupferpreisen sehen. Der zweite Teil der Frage ist, wird mehr oder weniger Kupfer verbraucht werden? Die Medien können das diskutieren bis sie grün werden. Ich bin zuversichtlich, dass wir im nächsten Jahr und im nächsten Jahrzehnt mehr Menschen sein werden. Ich bin mir auch ziemlich sicher, dass diese Menschen mehr einfachen Komfort haben wollen und dass sie die Möglichkeit haben werden, dafür zu bezahlen. Ich glaube auch, dass, wer sich mit diesem Thema beschäftigt, das nur kann, wenn er mal in Asien gewesen ist.«

»Ich war noch nie dort. Ich habe darüber auch nicht wirklich nachgedacht, bis ich Sparky getroffen habe.«

»Ich wette, Sie haben gar keinen Reisepass, oder doch?«

»Nein, habe ich nicht. Meine Frau, Ex-Frau meine ich, und ich sind mal nach Mexiko gereist. Das ist Jahre her und wir mussten nur unseren Führerschein zeigen.«

»Nun, da sind Sie nicht der Einzige. Die große Mehrheit der Amerikaner hat nie einen Pass beantragt. Sie haben jetzt ein breiteres Wissen als die meisten Menschen, was die Frage angeht, warum Rohstoffe für die Menschheit so wichtig sind. Der einzeln wichtigste Rat, mit dem ich Sie zurücklasse: Schauen Sie sich die Welt an. Und fangen sie dort an, wo es auch für Ihre Zukunft wirklich wichtig ist, in China.«

10

FLUGZEUGE, ZÜGE & RIKSCHAS

Nach meiner Rückkehr von der Konferenz begann ich sofort mit dem Prozedere, meinen ersten Pass zu beantragen. Wenn ich darüber nachdachte, war das albern. Wie konnte ein gut situierter, 58 Jahre alter amerikanischer Bürger noch nie einen Pass beantragt haben? In der Gesellschaft von Johnny und anderen antizyklischen Investoren war mir das mehr als nur ein bisschen peinlich. Ich war sogar sehr ärgerlich darüber. Was hatte ich nur in all den Jahren verpasst?

Alles in allem dauerte es nur zwei Wochen, bis ich meinen Pass bekam. Ich hatte es aber auch eilig und wollte das Visum für meine erste Übersee-Reise bekommen. Johnny hatte etwas geschäftliches in China zu tun und bot an, etwas früher zu fahren, damit wir gemeinsam eine kleine Erkundungstour quer durch das Land machen konnten. Die Gelegenheit habe ich sofort gerne wahrgenommen und mir ein Flugticket gekauft.

Die Beantragung des Reisevisums war erstaunlich einfach: Es gibt zahlreiche Firmen, die sich um die Formalitäten kümmern und für eine zügige Bearbeitung sorgen. Die meisten Kunden dieser sogenannten Visa Center waren aber nicht die typischen Amerikaner wie ich, sondern die Festland-Chinesen, die umgekehrt als Touristen in die USA kamen. Wer hätte das gedacht?

Unser Plan war, zuerst nach Hong Kong zu fliegen. Es war inzwischen eine Sonderverwaltungszone innerhalb der Volksrepublik China. Dann würden wir mit dem Zug nach Guangzhou reisen. Dabei könnten wir auch Shenzhen sehen, das zwischen Hong Kong und Guangzhou liegt. Danach würden wir uns den Patron aller Elektrogenerations-Projekte ansehen, den Drei-Schluchten-Talsperre. Dann weiter nach Shanghai, auf dem Weg nach Peking, und am Schluss unserer Reise an die Chinesische Mauer.

Als ich ein paar Tage vor der Abreise erfuhr, dass der Flug 14 Stunden dauern würde, ereilte mich eine Panikattacke und ich wollte die ganze Aktion abblasen. Ich fragte mich, was zur Hölle ich da machte. Nur vor sechs Monaten noch war ich ein Scheidungsfall, der in der Dunkelheit mit einem Berg Kabeln hantierte und der für den Rest seiner Tage nicht viel mehr erwartete, als auf der Couch vor dem Fernseher einzuschlafen. Und nun würde ich meine Arztpraxis für zwei Wochen schließen, mich nach China aufmachen und Zeuge der »größten Migration der Menschheitsgeschichte« werden.

Die ganze Zeit, die ich mit Johnny auf der Konferenz und in zahllosen Stunden beim Lesen und meiner Recherche verbracht hatte, machte mich zu einem Gläubigen. Aber Skepsis blieb dennoch. Wenn ich eines vom Thema Emerging-Markets-Ökonomie mitgenommen habe, dann dass dieser Bereich immer für eine erhebliche Korrektur gut war oder schlimmer noch, soziale Unruhen den vorangegangenen Entwicklungs-Boom unvermittelt beenden konnten. Vielleicht war es nur das Nörgler-Blabla, mit dem man Zeitschriften verkaufen konnte. Aber mir ging das Bild von Geisterstädten, in deren Gassen nur noch der Wind pfeift, nicht aus dem Kopf. Wenn ich bei der Geldanlage eines gelernt hatte, dann dies: dass man sich von Blasen fernzuhalten hatte. Das aber war das Gegenteil von Volatilität, die das philosophische Herz des antizyklischen Investierens ausmachte.

Ich erinnerte mich erneut daran, in die Story auf Seite 16 zu investieren, die die Story auf Seite 1 werden würde. Das Problem war nur, dass China überall auf den Titelblättern der weltweiten Medien zu finden war. Die wahre Seite-16-Story waren Rohstoffe, Energieverbrauch und wie sie durch China beeinflusst wurden. Wenn ich die Konvergenzen wirklich verstehen wollte, musste ich es mit meinen eigenen Augen sehen. Also entschied ich mich, alle Vorsicht in den Wind zu schlagen und meine Taschen zu packen.

In der Zwischenzeit nahm ich den Rat unseres Experten an und schaute mir genauer an, in welchen Bereichen Kupfer noch Verwendung finden konnte. Eine Reihe von Untersuchungen hatte gezeigt, dass Oberflächen aus Kupfer das Infektionsrisiko senkten. Wie Johnny schon sagte, war Edelstahl eher ein Magnet für Bakterien, während das rote Metall bakterienabweisend wirkte. Es war nur eine Frage der Zeit, bis das in Krankenhäusern zum Standard würde. Aber das war nur ein kleiner Teil der Weltwirtschaft. Also fing ich an, einen Sektor näher unter die Lupe zu nehmen, mit dem ich mich längst hätte intensiver beschäftigen müssen – Green Tech und Clean Energy.

Als ich mir Green Energy genauer anschaute wurde schnell klar, dass alles, was sich um Windparks, Solarzellen oder Elektroautos drehte, mit Elektrizität zu tun hatte. Und der gemeinsame Nenner war immer Kupfer. Der Zusammenhang von Green Energy zum Chinesischen Markt war ähnlich untrennbar verbunden. Im Bereich Solarzellen wurde China alleine durch die schiere Menge an Produktionskapazitäten führend in der Welt. Die Preisfrage hat die Vermarktungsmöglichkeiten bei Solarzellen immer beeinträchtigt. Aber China bekam im Markt einen Fuß in die Tür, und mit der Produktionskapazität und dem Zugang zu günstigeren Produktionsmaterialien hatte es die Preise massiv senken können. Diese niedrigeren Preise machten die Technologie für die Verbraucher wesentlich attraktiver als der Gedanke an den Umweltschutz alleine.

Über Chinas Fähigkeiten hinaus, Mitbewerber mit der Produktionsmenge auszubooten, machten sie die Zellen auch günstiger, indem sie Kupfer statt Silber für die Leiterbahnen verwendeten. Das hat die Produktionskosten um über 50 Prozent in nur wenigen Jahren gesenkt.

Ich startete ein paar Versuche, um zu berechnen, wieviel Kupfer man benötigen würde, um nur den Bedarf des Bereichs Green Energy zu decken – und die Zahlen machten mich schwindelig. Jedes bisschen Recherche half mir, mehr Vertrauen aufzubauen und Perspektiven zu präzisieren. Ich verstand immer besser, welches ›Zeug‹ hier oben das ›Zeug‹ dort unten benötigte. Aber ich wollte mich auch nicht auf nur eine einzelne Technologie oder einen einzelnen Sektor beschränken. Wenn ich investieren wollte, dann wollte ich in alles investieren, einschließlich Angebot und Nachfrage. Und mein Asienabenteuer würde dabei ungemein hilfreich sein.

Als ich am Flughafen ankam, wartet Johnny schon am Cathay-Pacific-Schalter, wie wir es besprochen hatten. Wie immer war er wieder pünktlicher als ich, obwohl ich doch Mr. Pünktlich war.

»Hey Doc, lange nicht gesehen. Wow, das ist ein großer Koffer, den Sie da dabei haben. Haben Sie all Ihre Werkzeuge mitgenommen?«

Ich schaute auf meinen Koffer, zugegeben, er war etwas klobig, besonders verglichen mit der schmalen Ledertasche, die Johnny über die Schulter trug. Mich ergebend hob ich meine Hände.

»Johnny, wir sind zehn Tage weg oder nicht? Ich dachte, ich sollte wenigstens einen Anzug und ein Paar Schuhe zum Wechseln mitbringen.«

»Das ist ok. Wir haben noch Zeit, das anzupassen. Jetzt werden Sie herausfinden, warum es am Flughafen Kofferläden gibt.«

»Um dort was zu tun?«, fragte ich und zeigte auf meinen riesigen Koffer.

Johnny schien für alles eine Antwort zu haben. Innerhalb von zwanzig Minuten hatten wir einen geräumigen aber kompakten Carry-On-Trolley gekauft. Zu meinem Erstaunen passten die wichtigen Dinge und es blieb noch etwas Platz. Was übrig war, steckten wir in ein Schließfach und begaben uns zur Sicherheitskontrolle. Es war eindeutig einfacher, sich durch Flugzeuge, Züge und Rikschas auf diese Weise zu bewegen. Ich war erleichtert.

Nachdem wir uns auf unseren Sitzen niedergelassen hatten, zog ich eine Liste mit Punkten hervor, die ich auf dem Flug besprechen wollte. Nach allem, was ich in den letzten Monaten erreicht hatte, wäre diese Reise meine letzte Prüfung. Ich hatte schon den Schritt von »was nix kostet, is nix« zu gut bezahlten Newslettern bestanden und das fühlte sich im Ergebnis an, als habe ich mir zwanzig Investment-IQ-Punkte damit verdient. Mit dieser Erkenntnis bewaffnet, hatte ich mit meiner eigenen finanziellen Seifenoper begonnen und konnte sogar ein paar 4-Prozenter in jeder Hinsicht identifizieren. Damit war das Fundament gelegt und das Einzige, was noch übrig blieb, war, vom passiven auf den aktiven Investor umzuschalten und einige meiner Investment Dollar in die spekulative Arena zu verschieben.

✱✱✱

Zum Glück erwischte ich eine gute Phase REM-Schlafs auf dem Flug, sodass ich mich bei der Landung nach einer Tagesreise recht munter fühlte. Vielleicht war das aber auch nur das Adrenalin, das mir im Angesicht des kommenden Abenteuers ins Blut schoss.

Als wir in den Flughafen liefen, wusste ich nicht wirklich, was ich erwarten sollte. Aus irgendeinem Grund, nennen wir es Ignoranz, hatte ich ein Drecksloch erwartet. Was ich aber vorfand, war der neueste und sauberste Flughafen, in den ich je Fuß gesetzt hatte. Als wir den Zoll von Hong Kong International verließen – eines Visums bedurfte es nicht –, erzählte Johnny von den himmelhohen Immobilienpreisen in der Gegend. Und ich dachte, Manhattan sei teuer.

Nach einer kurzen Fahrt in die Innenstadt von Hong Kong bestiegen wir einen Zubringerzug nach Shenzhen, von wo aus wir nach Guangzhou weiterfahren würden. Auf dem Weg gab Johnny mir eine kurze Geschichtsstunde zu der Region.

»In Shenzhen hat alles begonnen. Es war Chinas erste Sonderwirtschaftszone, die mit speziellen Wirtschafts- und Verwaltungsvorschriften ausgestattet war. Noch 1979 war es ein Dorf und ist heute eine der am schnellsten wachsenden Städte der Welt. Auf der anderen Seite war Guangzhou, vormals Canton, der Ausgangspunkt für die maritime Seidenstraße und über Jahrhunderte Chinas wichtigster Seehafen. Es ist eine der Städte, in der China zu Beginn der 80er mit dem Kapitalismusexperiment begann. Diese Stadt war mal das Zentrum des Wirtschaftsuniversums und ist auf dem Weg, wieder dorthin zu kommen.«

»Als China für einige tausend Jahre das größte Bruttoinlandsprodukt hatte, waren diese Städte wohl ziemlich wichtig.«

»Genau, so ist es und so ist es wieder. Es ist unglaublich, was zwischen Hong Kong und Guangzhou alleine in den letzten drei Jahrzehnten errichtet wurde.«

»Wie weit ist unser Hotel noch von hier, Johnny?«

»Wir sind in weniger als zwei Stunden da und wir bleiben in Down Town. Aber wenn wir am Bahnhof ankommen, nehmen wir ein Taxi, weil ich mir auf dem Weg etwas anschauen möchte.«

»Hey, ich dachte, das wird eine Faktensuche und keine Touristenreise.«

»Es wird ein bisschen von Beidem sein. Aber machen Sie sich keine Sorgen. Wir werden nicht zu viel Zeit mit Touren durch alte Tempel verbringen. Wenn wir touren, dann durch die Tempel der Zukunft.«

Eine Schlange glänzender neuer Taxis erwartete uns vor Guangzhous Bahnhof und zu meiner Überraschung waren es alle VWs.

»Was, keine Rikschas?«, jammerte ich.

»Doc, Sie hätten eine bessere Chance zu Hause eine Rikscha zu finden, als in den meisten Städten des modernen China. Diese Stadt hat ein Bruttoinlandsprodukt von fast zweihundertfünfzig Milliarden Dollar, das ist mehr als San Francisco, das die Rikscha-Hauptstadt der Welt ist.«

Johnny öffnete die Tür des ersten Taxis in der Schlange und ratterte auf Chinesisch los. Der Taxifahrer schaute uns verdutzt an, zuckte mit den Schultern und schloss den Kofferraum.

»Sie sprechen also Mandarin?«

»Ich kann Taxi-Mandarin und Kantonese. Man braucht hier manchmal beides und es wird uns helfen dahin zu kommen, wo wir hin wollen.«

»Und wo ist das?«

»Zu einer Fabrik.«

»Und ich dachte, wir sind fertig mit Überraschungen. Wie dumm von mir.«

Kurz nach Verlassen des Bahnhofs fanden wir uns auf einer zehn-spurigen Schnellstraße wieder, mit Ab- und Auffahrten, Ober- und Unterführungen in alle Richtungen. Wir umfuhren einen Stau und nahmen die Abfahrt in ein Industriegebiet, in dem eine endlose Kette von riesigen Fabriken in unserem Rückspiegel vorbeiflog, während wechselnde Berge von Hochhäusern den Hintergrund ausfüllten. Die Stadt zog sich, soweit ich sehen konnte.

»Ich hätte das wohl nachschauen sollen, bevor wir aufgebrochen sind. Aber wie groß ist diese Stadt?«

»Guangzhou mit seinem Umland hat eine Bevölkerung von 40 Millionen Menschen. Das bezieht die Nachbarstadt von Shenzhen natürlich mit ein – also doppelt so groß, wie die gesamte New York/New Jersey-Metropolregion.«

»Heiliger Himmel. Das sind viele Leute.«

»Sie haben wahrscheinlich gemerkt, dass es in der Besiedlung von Hong Kong bis hier keine Unterbrechung gab, über sage und schreibe hundertvierzig Kilometer.«

Nach rund zehn Minuten fuhr das Taxi an den Straßenrand und Johnny und der Fahrer tauschten noch ein paar Worte auf Mandarin aus, wonach der Fahrer wieder mit den Schultern zuckte.

»Wir sind da.«

»Und wo ist das?«

»Lassen Sie uns aussteigen und ich zeige es Ihnen.«

Auf der rechten Seite lag eine sehr große Fabrik, und auf der anderen Seite der Straße war der Anfang einer Baustelle zu sehen, der vermuten ließ, dass dort noch eine größere Fabrik entstehen würde.

»Diese Fabrik produziert fast eine halbe Million Autos jedes Jahr. Das ist mehr als Amerikas produktivste Autofabrik. Und sehen Sie die Baustelle da drüber? Da entsteht eine weitere Anlage, die noch mehr Autos pro Jahr produzieren wird. Derzeit tummeln sich die Autoproduzenten dieses Planeten so wie hier – Ford, Volkswagen, Fiat, GM, Toyota, alle, weil das hier in fast allen Fällen ihr größter Markt ist. Sie sind alle scharf darauf, hier Milliarden zu investieren, weil der chinesische Hunger, ein Auto zu besitzen, unstillbar ist. Denken Sie an die Zeitspanne, von der wir gesprochen haben: dass es 1979 in China sechzig private Autos gab und es nun über zweihundertfünfzig Millionen sind? Der Besitz von Autos ist in China explodiert und hat sich sogar zwischen 2005 und 2010 glatt verdoppelt! Jetzt machen sie 50.000 Autos am Tag. Das ist eine Erhöhung von 1.000 Prozent den letzten Jahrzehnten. Und dennoch, nur ein kleiner Teil von Chinas 1,4 Milliarden Bevölkerung besitzt bisher ein Auto. Denken Sie also, dass dieser Trend einfach anhalten wird?«

»Nun, das hängt davon ab, ob die Wirtschaft weiter wachsen wir, oder nicht?«

»Wenn die chinesische Wirtschaft weiterhin mit Raten von 7 oder 8 Prozent wächst, dann kann man erwarten, dass sie im Jahr 2020 mehr Autos produzieren, als die USA und Europa zusammen. Und selbst dann werden 40 Prozent der chinesischen Bevölkerung immer noch in ländlichen Gegenden leben. In den letzten drei Jahrzehnten, seit Deng Xiaoping seine geistige kapitalistische Initiative startete, haben dreihundert Millionen Menschen die Armut verlassen und sind nach Guangzhou und Shenzhen gekommen. Die große Mehrheit dieser Menschen kauft gerade jetzt ihr erstes Auto. Die entscheidende Frage ist, wie lange dauert es für die nächsten hundert oder fünfhundert Millionen? Und was ist dann mit den rund 2,5 Milliarden Menschen in CHINDIA, die erst noch anfangen sich der Käuferschicht anzuschließen?«

»Sieht so aus, als bräuchten sie noch viele neue Autos.«

»Und was sind die Auswirkungen auf Öl? Nahrungsmittel? Die Annehmlichkeiten des Lebens? Man kann diese Migration auf alle Bereiche des Lebens beziehen. Aber man muss sicher gehen, dass man es auch auf die Dinge bezieht, die man braucht, um das alles herzustellen.«

»Was im Falle eines Autos durchschnittlich fünfzig Pfund Kupfer entspricht.«

»Bingo, Doc. Jetzt lassen Sie uns ins Hotel fahren und dann die Straßen von Gunagzhou unsicher machen.«

***

Nach einer weiteren halben Stunde Fahrt durch eine noch massivere Schnellstraßenlandschaft mit einer Verkehrsdichte, die den Verkehr in Seattle wie das Indy 500 aussehen ließ, kamen wir in eine in sich geschlossene Gegend mit vielen Cafés, schicken Lounges und Bürogebäuden. Nachdem wir unser Kompaktgepäck im Hotel abgegeben hatten, war ich schon froh, nicht dieses Monstrum von Koffer mit mir herumgeschleppt zu haben. Wir gingen in ein nahgelegenes Restaurant, um einen Happen zu essen und die Atmosphäre zu genießen. Morgen würden wir den Zug von Guangzhou in die Provinz Hubei nehmen, wo wir die Drei-Schluchten-Talsperre in Augenschein nehmen würden. Also war eine kleine Atempause von Nöten.

Bis hin zu den coolen Klamotten und den komischen Haarschnitten glich das Restaurant, in dem wir aßen, auffällig der Bar zu Hause, in der Johnny und ich das erste Mal über Trends gesprochen hatten.

»Ich wusste gar nicht, dass es in China so viele flippige Leute gibt, Johnny. Sie haben auf jeden Fall ein Händchen für diese Lokalitäten.«

»Die haben alles, was wir haben, nur viel mehr davon.«

»Ich meine nur, es ist faszinierend zu sehen, wie viel Ähnlichkeit die Kids hier zu denen in jeder beliebigen amerikanischen Shoppingmall haben. Sie kleiden sich gleich, bewegen sich gleich. Ich nehme an, sie lesen die gleichen Fashion Blogs. Bemerkenswert, wirklich.«

»Wow Doc, Fashion Blogs? Ich bin überrascht, dass Sie wissen, dass es sowas gibt. Sie sind wirklich weit gekommen. Stellen Sie sich nur vor, vor zwanzig Jahren gab das alles nicht. Aber wenn Sie etwas genauer hinschauen, wird Ihnen etwas auffallen, das sie von ihren Amerikanischen Doppelgängern unterscheidet.«

Ich schaute mich im Raum um und betrachtete mir die Leute von Kopf bis zu den Füßen. Die gaben auf jeden Fall mehr für ihre Jeans aus als ich und wirkten noch besessener von ihren Smartphones als ihre amerikanischen Pendants.

»Oh großer Weiser, ich gebe auf. Bitte erleuchten Sie mich«, sagte ich.

Johnny zeigte auf eine Gruppe junger Frauen an der Bar und fragte, »Sehen Sie diese Mädchen? Schauen Sie sich ihre Handtaschen an. Das sind keine Kopien, das sind originale Fendis. Oder was ist mit dem Typen dahinten an dem Tisch? Checken Sie seine Uhr.«

»Also sind das die reichen Kids?«

»Wir im Westen sind nicht ausnahmslos mit der Fähigkeit ausgestattet, Reichtum zu schaffen, Doc. Wenn Sie vor vier- oder fünfhundert Jahren eine Weltreise unternommen hätten, dann wären Sie von den europäischen Städten und den amerikanischen Kolonien nicht so beeindruckt gewesen. Aber Sie wären umgehauen gewesen vom Fernen Osten, so wie viele europäische Händler. Wir waren für unsere Industriellen Revolutionen nur zur rechten Zeit am rechten Platz, während Asien ein Schläfchen gehalten hat und sich nun erst wieder auf sich selbst besinnt. Chinas Käuferschicht von vierhundert Millionen wächst weiter und zeigt eine Konsummanie bei Luxusgütern.«

»Was für Luxusgüter?«, fragte ich.

»Suchen sie sich was aus, sie kaufen es. Die chinesische Anfälligkeit für Luxusgüter nahm ihren Anfang mit den Superreichen in den Gegenden von Shanghai und Peking. Aber jetzt breitet sich der Trend über das ganze Land aus. Designer-Marken machen schon in Chinas drittklassigen Städten Läden auf. Das würden Sie in Milwaukee oder Toledo nicht sehen.«

»Gibt es da wirklich so viel Nachfrage?«, fragte ich.

»Die Nachfrage ist so groß, dass es schon Shoppingmalls gibt, die nur Luxusmarken führen. Einige Analysten sagen voraus, dass China jedes andere Land bei der Nachfrage in den Schatten stellen wird. Aber jetzt geht es erst mal mehr darum, die Basis für die Zukunft abzustecken, als Gewinne zu machen.«

»Wie das?«

»Wenn man baut, werden sie kommen. Wenn Sie irgendwas über China lernen wollen, dann müssen Sie diesen Satz wie Ihr Mantra verinnerlichen. Er kann auf die Infrastruktur bezogen werden, Immobilien und auf teure Handtaschen. Marken wie Louis Vuitton und Gucci wissen, dass China fortfahren wird, der wichtigste Wachstumsmarkt zu sein. In der Zwischenzeit werden sie also Läden im ganzen Land eröffnen und die Flächen in den Luxus Malls mieten, selbst wenn das nicht profitabel ist, nur um Präsenz zu zeigen.«

»Das ist alles sehr interessant, hört sich aber so an, wie die Boutique-Version der Geisterstädte, von denen man immer hört.«

»Das ist alles Psychologie, Doc.«

»Wie das? Meinen Sie, die Leute bekommen Gehirnwäsche?«

»Dass so viele westliche Analysten sich über Geisterstädte und Geistermalls und Geister-sonst-was immer noch die Hände reiben, ist ein Symptom von etwas, das mit der mittel- und langfristigen Planung von Chinas *Plan*wirtschaft überhaupt nichts zu tun hat.«

»Nun, es ist ein kommunistisches Land und sie haben sowas wie Fünf-Jahrespläne, Johnny.«

»Eben. Wachstum könnte nie auf ewig bei 10 oder 12 Prozent liegen, oder? Was regelmäßig von den Reportern und Analysten vergessen wird, ist die Basis für das Größerwerden. Bedenken Sie, dass die Wirtschaft in den letzten dreißig Jahren um fast 10 Prozent pro Jahr gewachsen ist. Die Basis ist nun ein Monster, nur kurz hinter den USA. Also sind 7 oder 8 Prozent Wachstum heute immer noch mehr als 10 Prozent vor zehn Jahren.«

»Na gut. Um in meinem Wortschatz fortzufahren, was ist dann Ihre Diagnose, wie wir im Westen China wahrnehmen?«

»Die Chinesen sind Spekulanten und Spekulanten sind immer optimistisch, was die Zukunft angeht, während der Westen in den Jahren der Stagnation eher pessimistisch geworden ist. Die meisten Leute zu Hause haben schlicht vergessen, wie es ist, wenn sich das eigene Gehalt alle fünf bis sechs Jahre verdoppelt. Schauen Sie 50 und 100 Jahre zurück auf Amerika, als ein Land mit Superprojekten aufgebaut wurde. Das Gleiche tun die Chinesen jetzt.«

»Sie sagten schon mal, dass die amerikanische Wirtschaft bei einem Investment von 4 Prozent des Bruttoinlandsprodukts in die Infrastruktur ungefähr um die gleiche Rate gewachsen ist, genauso wie China bei 8 oder 9 Prozent. Sagen Sie also, ist das alles eine Frage der Wahrnehmung?«

»Definitiv. Wahrnehmung ist der fundamentale Unterschied zwischen dem Osten und dem Westen, und sie ist der fundamentale Unterschied zwischen passiv sein und Teilnehmer sein. J.M. Keynes sagte mal: »Investieren ist die Handlung, bei der man die Rendite über die Lebensspanne des Assets vorhersagt. Spekulation ist die Handlung, bei der man die Psychologie der Märkte vorhersagt.«

»Wenn wir also zu einer dieser Luxusmarken-Shoppingmalls gingen und dort gäbe es keine Kunden, dann wäre das etwas Gutes? Diese Unternehmen spekulieren darauf, dass es in der Zukunft besser läuft?«

»Sieht so aus, weil es auch eine Art der Infrastruktur ist, die Infrastruktur des Konsums. Ein weiteres Problem ist, dass der Westen das chinesische Wirtschaftswunder als Eintagsfliege sieht und nicht als fortschreitenden Prozess. Noch vor einer Generation hat niemand hier auch nur daran gedacht, sein erstes Auto zu kaufen. Und jetzt sitzen wir in einer Lounge mit jungen Leuten, die Designermarken tragen. Und das ist erst die Speerspitze der Entwicklung dessen, was passieren wird, wenn die anderen 500 Millionen der Käuferschicht beitreten und langsam gutgläubige Konsumenten werden. Die fortschreitende Migration von ländlichen in städtische Gegenden wird nur der erste Schritt bleiben. Jetzt arbeitet China daran, der Welt nächste große Konsumgesellschaft zu werden.«

Wir aßen unsere Dumplings und tranken ein paar Flaschen Tsing Tao. Nachdem wir die Rechnung gezahlt hatte, gingen wir die Straße runter an einer Kette von Verkäufern vorbei, die mit den kommenden Stammkunden diskutierten, dann an einer Kette von Läden vorbei, die voll waren mit Käufern. Junge Leute strömten aus Bars, um ein Stück weiter in die nächste Bar einzukehren. Ich sah auch viele Einwanderer, von denen ein hoher Prozentsatz Afrikaner waren, etwas, das ich nicht erwartet hätte.

»Ich hatte mir das Publikum hier nicht so gemischt vorgestellt«, sagte ich, während wir zum Hotel zurück schlenderten.

»Es gibt hier ungefähr 60.000 Einwanderer, von denen die Hälfte aus Afrika stammt.«

»Woher kommt das?«

»Es ist der chinesische Traum, Doc. Wir hören immer vom Hunger Chinas nach afrikanischen Rohstoffen. Nun, Afrika ist genauso hungrig auf chinesische Güter und Fertigungstechniken. Seit den 90ern haben die ehrgeizigsten Händler in Ländern wie Nigeria begriffen, dass man den Mittelmann umgehen und direkt dahin gehen kann, wo das Zeug, das sie brauchen produziert wird. Und das zu den bestmöglichen Preisen.«

***

Während nur einer Woche würden wir durch das Land von Guangzhou nach Peking reisen. Unser Reiseplan verlangte also nach einem frühen Aufstehen, was große Mengen Kaffee bedeutete. Ich wollte ein typisches lokales Café finden vor unserer Abreise, fand aber nur ein Starbucks. Ich dachte daran, dass ich damals, als der erste Laden in Seattle aufmachte, nie dachte, dass der Trend anhalten würde. Das ist eine der Aktien, die mir entgangen sind.

Als nächstes stand die Drei-Schluchten-Talsperre auf unserer Liste. Um dorthin zu gelangen, mussten wir eine Reihe an Zügen nehmen. Ich bin ein paar Mal mit Amtrak gefahren. Aber es muss wenigstens zehn Jahre her sein, dass ich das letzte Mal Bahnreisender war. Meine Erfahrung mit Amtrak war eine Herausforderung gewesen, wenn man es höflich sagen wollte. Überlandverbindungen waren spät, veraltet, überfüllt und sehr langsam. Nach meinem gestrigen Eindruck vom Bahnhof erwartete ich, dass alle Verkehrsmittel hier brandneu sein mussten. Und der Schnellzug auf dem ersten Abschnitt unserer Reise enttäuschte nicht. Nicht nur war der Zug selbst ein kleines Wunder aus dem Weltraumzeitalter, das ganze Eisenbahnnetz wirkte, als habe man es vor einer Woche in Betrieb genommen. Im Verlauf von fünf Jahren ist das chinesische Hochgeschwindigkeitsschienennetz größer geworden als das Europas, es dehnt sich jetzt auf eine Länge von 10.000 Kilometer und verbindet mehr als 100 Städte. Sensationell. Ich war fast neidisch, wenn ich an meine Bahnfahrerfahrung zu Hause dachte. Wenn man mit dem Zug von Boston nach New York reist, ist das als würde man die Zeit um 75 Jahre zurück drehen. Das Klick-Klack des antiquierten Schienennetzes ließ den dringenden Bedarf nach dem Drücken des Reset-Knopfes widerhallen, wie bei so vielen Bereichen unserer notleidenden Infrastruktur.

In nur drei Stunden reisten wir 900 Kilometer weit an den Städten Shangua, Zhuhhou, Changsha, Xianning und einer Menge weiterer vorbei. Komischerweise dauert die 250-Meilen- oder 400-Kilometer-Reise – ich gewöhnte mich langsam an das metrische System, das auch in China, wie fast auf der ganzen Welt benutzt wurde – von New York nach Boston dreieinhalb Stunden. Eine Zugfahrt in den meisten Teilen der Welt dürfte meiner Erfahrung ähneln. Das Essen, das von den typischen kleinen Rollwägen in den Waggons serviert wurde, war allerdings in keiner Weise typisch: Das Angebot reichte von Entenschnäbeln bis Schweinefüße. Mein Favorit aus dieser exotischen aber einschüchternden Auswahl waren Schweineohren. Alle diese Köstlichkeiten waren ordentlich vakuumverpackt mit kleinen Sichtfenstern, die einen erahnen lassen, was man genießen wird. Das sollten Sie ausprobieren!

Ich hatte von Shanghai und Peking und jetzt auch von Guangzhou gehört, aber nie von irgendeiner dieser anderen Städte. Und alle von ihnen hatten Millionen von Einwohnern. Das war schlicht verblüffend. Es war sinnvoll, mit dem Zug zu reisen, weil es uns erlaubte, die Landschaft wahrzunehmen. Wenn wir geflogen wären, bei den zahlreichen in den letzten Jahren gebauten modernen Flughäfen wäre das kein Problem gewesen, hätten wir die plötzlichen Änderungen von Landschaft und Kultur nicht erfahren können.

Wir kamen am Hauptbahnhof von Wuhan an, einem von dreien in der Stadt und erfuhren, dass es etwas länger dauern würde als erwartet, um an die Talsperre zu kommen. Also entschieden wir uns, unseren Plan kurz zu ändern und die Nacht in der Stadt zu verbringen. Das war eine weitere Stadt, von der weder ich noch wahrscheinlich irgendjemand zu Hause jemals gehört hatte. Wuhan war mit mehr als zehn Millionen Einwohnern das Chicago von China, weil es so viele Schnellstraßen und Bahnlinien gab, die die Stadt durchzogen. Wie Guangzhou wurden hier auch viele Autos gebaut. Und all die großen Namen, wie Nissan, Hyundai, GM, Volkswagen usw. hatten hier ihre Zelte aufgeschlagen. Das kumulierte in einer Produktionskapazität, die in naher Zukunft die Marke von drei Millionen Fahrzeugen pro Jahr überschreiten dürfte. Das brachte der Stadt den Spitznamen »Chinas Detroit« ein, weil sie bald den Output der Motor City zu ihren Spitzenzeiten überschreiten würde.

Um die Ecke zu unserem Hotel fanden wir in einer Gasse ein kleines heruntergekommenes Restaurant und wir nahmen uns einen Tisch. Ich sagte Restaurant, aber es handelte sich eher um eine locker nebeneinander gereihte Ansammlung von Essensausgaben. Frittierter Frosch am Stock stand auf der Karte, aber ich war noch nicht soweit, meinem bürgerlichen Magen solche Straßenküche zuzumuten. Einer der Gäste sprach etwas Englisch und sagte uns, dass scharfe trockene Nudeln eine Spezialität der Stadt waren. Also bestellten wir zwei Schalen. Es stellte sich heraus, dass er ein Taxifahrer war, er war begierig darauf uns zu erzählen, wie der Verkehr wegen der vielen neuen Autos und der Baustellen die Stadt verstopfte.

Weil wir Englisch sprachen und offensichtlich Ausländer waren, zogen wir eine kleine Menschenmenge an. Es gab da wohl ein richtiges Verlangen von Menschen die gerade selbst Englisch lernten, ihre Fähigkeiten im Dialog mit einem Muttersprachler zu üben. Trotz abgehackter Sätze und begrenztem Vokabular konnten wir uns mit ihnen über ihre Ambitionen und Ziele unterhalten. Einige von ihnen wollten in Amerika studieren, während andere hier in Wuhan ihre eigenen Unternehmen gründeten oder ausbauten. Was sie aber alle gemeinsam hatten, war ein positiver Blick in die Zukunft mit dem Gefühl, dass sie wohlhabender und glücklicher sein würden, als ihre Eltern es waren. Und alle erwarteten, dass das in China so passiert. Eine sehr nett angezogene Dame Ende zwanzig wollte ihre eigene Familie gründen, mit einem Jungen und einem Mädchen, was unter der vormaligen rigorosen Ein-Kind-Politik nicht möglich gewesen wäre. Aufgrund fallender

Geburtenraten und steigendem Widerstand wurde diese Regelung fallengelassen, was Familien jetzt wieder mehr Kinder erlaubte. Ich dachte mir, was wohl die Auswirkungen dieses Paradigmenwechsels sein würden, wenn man das mit einem Zeithorizont von fünfzig Jahren betrachtete?

***

Nach ein paar kurzen Zugreisen und einer vierstündigen Bustour kamen wir an der Aussichtsplattform der Drei-Schluchten-Talsperre an. Es wimmelte von Touristen, die meisten waren Chinesen, einige Auffällige kamen aus der westlichen Welt. Hinter den knipsenden Besuchern sah man die kolossale Sperrmauer, die größte Beton- und Stahlkonstruktion der Welt. Gebaut von 40.000 Arbeitern in über siebzehn Jahren. Es war es die größte Ingenieursbauleistung, von der ich je gehört hatte. Ich starrte mit Erstaunen darauf.

»Was meinen Sie, Doc?«

»Er ist gigantisch.«

»Einhundert Jahre in Planung, eine ziemliche Leistung.«

Ich hatte mich zu den Fakten des Projekts schon vor meiner Abreise informiert und sie waren unglaublich: Der Bau kostete 37 Milliarden Dollar und bedurfte der Umsiedlung von einer Millionen Menschen. Die Drei-Schluchten-Talsperre hat die weltgrößte dauerhafte Energieproduktion von 22.500 Megawatt, das ist zehnmal so viel wie die Hoover-Talsperre und dreimal so viel wie Amerikas größte leistet, die Grand-Coulee-Talsperre in Washington State. Die 22.500 Megawatt reichen aus, um drei Städte der Größe von Los Angeles mit Strom zu versorgen. Die Talsperre besteht aus 27 Millionen Kubikmeter Beton und genug Stahl, um daraus 63 Eiffeltürme zu bauen. Aber das Bauwerk nun mit meinen eigenen Augen zu sehen war etwas ganz anderes als darüber zu lesen. Die Ausmaße waren unglaublich und die Auswirkungen noch mehr.

»Das ist die wahre Grundlaststromversorgung. Und sie wäre ohne Kupfer nicht möglich«, sagte Johnny. »Eine gebräuchliche Alternative, wie Kohlestrom, würde das Verbrennen von 31 Millionen Tonnen Kohle pro Jahr erfordern, um die gleiche Menge Energie zu produzieren. Das bedeutet, dieser Damm erspart der Welt einhundert Millionen Tonnen von CO_2 Emissionen«, sagte Johnny.

»Ich kann mich noch an meinen Besuch an der Hoover-Talsperre mit meinen Eltern erinnern, als ich ein Kind war«, antwortete ich. »Es hatte etwas Optimistisches an sich, als sei es ein riesiges Symbol für Amerikas Außergewöhnlichkeit. Aber das hier ist viel, viel größer.«

»Wir machen die Dinge nicht mehr so groß. Es gibt zu viel Parteipolitik und zu viel Verschuldung, nicht nur zu Hause, sondern überall in den Entwicklungsländern. Und es hilft sicherlich auch, wenn man ein Land mit Ingenieuren hat, die ein Projekt dieses Ausmaßes auch umsetzen können. Wir haben Tausende von Brücken, die dringend Reparaturen bedürfen, unsere Häfen müssen erweitert werden, unsere Flughäfen modernisiert. Verdammt, viele Staaten und Gemeinden können kaum ihre Schlaglöcher ausbessern. Wir haben völlig vergessen, wie wichtig die Infrastruktur für eine wachsende Wirtschaft ist. Und in der Zwischenzeit fährt China fort, 8 Prozent seines Bruttoinlandsprodukts für Projekte wie dieses auszugeben.«

»Wir hatten das Kapital und das Know-how. Jetzt haben sie das Kapital ›and they know how‹«, witzelte ich für mich.

»Die Zeitungen lieben es, vom bevorstehenden Kollaps der chinesischen Wirtschaft zu berichten. Und in der Zwischenzeit marschieren die Chinesen weiter und sehen sich in der bequemen Lage, solche Projekte finanzieren zu können.«

»Warum sind Sie so zuversichtlich, dass es so weitergeht?«, fragte ich.

»Schauen Sie sich an, was mit der amerikanischen Wirtschaft passierte, nachdem die Hoover-Talsperre fertiggestellt wurde. – Es folgte eine Phase von unvergleichlichem Fortschritt und Wachstum. Wenn man baut, werden sie kommen. Wenn man die weltgrößte Wasserkraftanlage baut, dann gibt es einen Grund. Der ist, dass der Energieverbrauch seit Erfindung der Glühbirnen nur einen Weg kannte – den nach oben. Welche bessere Alternative für eine verlässliche Grundlaststromversorgung kann es geben, um eine Milliarde Menschen zu versorgen?«

Solarenergie und Windenergie sind großartig zur Ergänzung eines Energiemix. Aber sie haben einfach nicht die Verlässlichkeit der Rundum-die-Uhr Verfügbarkeit. Die Alternativen – Kohle, Öl oder Gas, die sicherlich gefördert werden durch die russisch-chinesische Gas Pipeline, die gerade im Bau ist –, bringen alle den negativen Nebeneffekt von Treibhausgasemissionen mit sich. Die andere emissionslose Energiequelle, Atomkraft, hatte ihre eigenen Pros und Contras. Es war nur klar, dass die 2,5 Milliarden Menschen von CHINDIA enorme Mengen an Elektrizität benötigen würden und es schien zumindest die bessere Lösung zu sein, dem in Form einer Drei-Schluchten-Talsperre zu begegnen als mit verschmutzenden fossilen Brennstoffen.

Der letzte Gedanke, mit dem wir unsere Tour zur Drei-Schluchten-Talsperre beendeten, war der zum Vorteil der Überflutungskontrolle. Unser Führer hatte erwähnt, dass über die Jahrzehnte Tausende Menschen ihr Leben und Dutzende Millionen ihre Häuser durch die unvorhersehbare Naturgewalt des mächtigen Yangtse, des längsten Flusses in Asien, verloren hatten.

***

Am nächsten Morgen nahmen wir wieder einen Schnellzug und waren am frühen Nachmittag in Shanghai, der europäischsten Stadt Chinas. Ich war immer noch überwältigt von der Größe und Geschwindigkeit des Bahnsystems und dachte, wie es wohl wäre, wenn ich in Los Angeles in den Zug stiege und ein paar Stunden später in San Francisco ankäme.

Im Gegensatz zu Guangzhou und Wuhan war Shanghai weniger industriell und wirkte extravaganter und wohlhabender. Wenn man durch die Straßen ging, konnte man sehen, dass diese Stadt der wahre Sitz wirtschaftlicher Macht war. Sie funkelte und leuchtete und fühlte sich irgendwie erfolgreich an. Ich kam nicht umhin zu bemerken, wie viele Kunstgalerien und Zeugnisse internationaler Kultur es gab, während wir uns den Weg durch eine Reihe lebhafter Stadtteile Richtung Pudong bahnten, einem Areal voll mit Wolkenkratzern.

Wir spazierten am Fluss an einer Straße entlang, die gesäumt war mit europäisch anmutenden Gebäuden der Jahrhundertwende, die denen in Paris oder Wien glichen, und eine Gegenkulisse zu den Glaspalästen auf der anderen Flussseite in Pudong bildeten. Später am Abend nahm Sparky mich mit zu einen hippen Stadtteil genannt Xin Tien Di, wo ein illustre Mischung von Einwanderern, Einheimischen und Touristen tranken, aßen und shoppen gingen bis zum Abwinken. Auf meine Bitte hin führte Sparky mich zu etwas, das einer der Top-Fashion-Blogs die beste Wein- und Spirituosen-Bar in China nannte – ein beeindruckender Treffpunkt, eingebettet in ein schönes Gebäude, das im Glanz eines glitzernden Logos erstrahlte und Nachtschwärmer anzog. In der Bar begegnete mir eine ähnliche Szene wie schon in Guangzhou – junge wohlhabende up to date angezogene Leute, die wie manisch mit ihren Smartphones durch die Gegend texteten und all das, während sie an Single Malt Scotch und feinen Weinen nippten, darunter französische und italienische Marken und, noch auffälliger, auch viele aus den USA. Das war in der Tat ein angemessener Ort der Huldigung für den jungen, neuen Reichtum der Stadt.

Shanghai hatte eine Bevölkerung von 24 Millionen, was die Stadt, gemessen an der Einwohnerzahl, zur größten der Welt macht. Wenn man an die Megastädte Tokyo, Moskau, Mexico City und New York denkt, kann man sich einen Ort mit mehr Möglichkeiten als Shanghai schlecht vorstellen. Kein Wunder, dass so viele Chinesen, die an US-Universitäten ihren Abschluss gemacht haben, zurückkehren, um genau hier ihren Claim abzustecken.

Ein Tag und eine Nacht in Shanghai waren viel zu kurz, um nur ansatzweise das zu verstehen, was die Stadt alles zu bieten hatte. Aber wir mussten weiter und das heißt, in den Zug. Und wie ich schnell gelernt hatte, war die prestigeträchtigste Zugverbindung zwischen irgendwelchen Städten in der Welt die zwischen Shanghai und Peking.

»Bei meinem ersten Trip hierhin nahmen wir den ›alten‹ Zug, der nur auf 200km/h kam. Es dauerte von Ort zu Ort zwölf Stunden. Bei unserer Reise heute werden mir mit durchschnittlich 300km/h reisen und werden in nur fünf Stunden 1.300 Kilometer zurücklegen.«

»Fünf Stunden bei 300km/h? Das wäre, wie Washington DC nach Miami in der gleichen Zeit oder Boston nach New York in 75 Minuten zurückzulegen!«, rechnete ich schnell aus.

Wir wählten den Morgenzug, damit wir für die ganze Reise Tageslicht hatten. Genau wie bei den vorangegangenen Zugfahrten gab es auf beiden Seiten der Strecke Fortschritt en masse zu sehen. Wir passierten riesige Apartmentkomplexe mit 30 oder 40 Einheiten, die Dutzende Gebäude tief waren. Vielleicht waren das einige der Geisterstädte, von denen ich so viel gehört hatte. In Peking wollte ich das herausfinden.

Da wir den Morgenzug genommen hatten, kamen wir schon kurz nach Mittag an und konnten einen frühen Nachmittagsspaziergang machen. Ich begann zu verstehen, was unser Experte meinte, wenn er von der Airpocalypse sprach – der dicke strahlgraue Smog, der es schwer machte, Hochhäuser in der Entfernung noch zu sehen. Smog gab es auch in anderen Gegenden, aber in Peking war er viel schlimmer. Überall trugen die Leute Atemmasken, und ich begann mir Sorgen um meine Lungen zu machen. Als wir durch ein Minenfeld von Freizeitverkäufern liefen, durch Stände und Tische, an denen alles verkauft wurde, vom üblichen Touristenkitsch bis hin zu so bizarren Dingen wie Handys, die auch als Zigarettenetuis dienten, lehrte mich Johnny meine ersten Worte in Mandarin: »Bu Yao«. Das heißt »Will ich nicht«, was einem, wenn man es nur oft genug wiederholte, die Hausierer vom Hals hielt.

»Hätte ich eine Operationsmaske oder eine Sauerstoffflasche mitbringen sollen? Selbst die Einheimischen scheinen sich vor diesem Smog schützen zu wollen.«

»Nö. Das geht schon. Atmen Sie nur nicht zu tief ein.«

»Na, das beruhigt mich.«

»Sie sollten das lieben. Damit wird für einen Grünen, wie Sie, ein Traum wahr.«

»Wie in Gottes Name kann durch giftigen Smog zu laufen ein Traum sein?«

»Weil es genau diese Bedingungen sind, die China dazu bringen werden, die ganze Entwicklung grüner Technologie auf Überlichtgeschwindigkeit zu bringen. Dieses Maß an Verschmutzung ist kaum mehr bewohnbar und wenn man nichts tut, wird es mehr als nur Gesundheitsprobleme geben, denen man wird begegnen müssen. Sie kennen ja die Redensart: Wo eine Krise, da eine Gelegenheit. Die chinesische Regierung hat die Bestrebungen nach sauberer Luft schon auf die Prioritätenliste gesetzt und Green-Tech-Innovation wird eine der Säulen für ihre zukünftige Wirtschaft sein. Das bedeutet bessere, billigere grüne Technologie für die ganze Welt.«

»Was also mit Solarenergie passiert zum Beispiel, wird auch mit anderen grünen Technologien passieren?«

»Darauf können Sie wetten. Was sie für Wasserkraft im Süden getan haben, werden sie für Windenergie im Norden tun. Chinas Kapazität an Windenergie wird sich verdoppeln und für sich genommen den größten Sprung bei erneuerbaren Energien ausmachen. Das bedeutet, sie werden in erneuerbare Energien mehr investieren als die USA und Europa zusammen.«

»Das sind viele Windräder«, sagte ich.

»Und viele Windräder bedeuten...«

»Viel Kupfer«, unterbrach ich ihn.

»Jedes Windrad ist sein eigenständiges Kraftwerk, das sich immer wieder reproduziert, ganz anders als bei Großkraftwerken. Blitzabweiser, Stromleitungen und so weiter heißt mehr Kupfer pro produziertem Kilowatt. Wann immer Sie ein Windrad sehen, flüstern Sie sich das zu.«

Die aktuelle industrielle Revolution, der ich in dieser letzten Woche begegnet war, war die schnellste in der Geschichte. Nach Johnnys Meinung war China in nur dreißig Jahren von einem rückständigen Agrarstaat zur Supermacht geworden, von einem kaum wahrnehmbaren wirtschaftlichen Fußabdruck zu dem größten Verbraucher fast aller Rohstoffe. Aber man kann skeptisch sein, was die Nachhaltigkeit dieser Entwicklung betrifft. Bei Henry Kissingers China-Besuch 1971 fragte er Zhou Enlai, Maos Außenminister, wie er die Französische Revolution sähe. Zhou antwortete: »Es ist noch zu früh, das zu sagen.« Die Chinesen machen immer weit im Voraus geplante Schritte, sodass es noch zu früh ist zu sagen, was die Konsequenzen dieser dreißigjährigen Revolution sein werden.

Nachdem wir einige Touristenzentren der Stadt besichtigt hatten, nahmen wir einen Bus nach Badaling, wo es in der Nähe einen Abschnitt der Chinesischen Mauer zu sehen gab. Optisch war sie noch beeindruckender als der Drei-Schluchten-Damm, aber aus einem ganz anderen Grund. Soweit man sehen konnte, ergoss sich ein nicht enden wollender Strom von Menschen, über die Mauer. Das war ein Eindruck, den man aus einem Buch nicht hätte gewinnen können.

»Mein Gott«, sagte ich. »Hier sieht es aus wie bei einem College-Football-Spiel.«

»Chinesische Touristen«, sagte Johnny. »Der Welt profitabelster erneuerbarer Rohstoff. Ein jeder, der bearish ist, was die chinesische Wirtschaft angeht, sollte sich nur ansehen, was sie während ihrer Ferien ausgeben.«

»Ich nehme an, einiges.«

»Einer von zehn Touristen weltweit ist inzwischen chinesisch. Es gibt fast 100 Millionen Auslandsreisen, die in China starten, von denen rund die Hälfte für Freizeit oder Urlaub genutzt werden. Das bedeutet, dass chinesische Touristen weltweit mehr Geld ausgeben als amerikanische. Aber hier kommt der wichtigste Teil – 80 % dieser Touristen sagen, dass Einkaufen der Hauptgrund für ihre Reise ist. Und raten Sie, wie viele Chinesen einen Pass haben.«

»Nicht so viele?«

Nur 5 %. Sie geben fast 150 Milliarden Dollar überall in der Welt aus. Und das erst bei 5 %. Das wird sich in den nächsten paar Jahren verdoppeln. Und wenn das passiert, muss die Welt darauf vorbereitet sein. Chinesischer Tourismus ist eine großartige Gelegenheit für jedes Land, das vorausschauend genug ist, den Weg dafür zu bereiten. Ich hoffe, die USA werden eines davon sein.«

Tourismus, diese Bastion der Freiheit, die wir in Amerika seit der Gründung unseres Landes kannten... Obwohl ich die Gelegenheit seit Jahren hatte, war ich noch nirgends gewesen und hatte nichts gesehen. Plötzlich schien ein Trip nach Las Vegas oder Miami viel weniger exotisch als das, was stattdessen noch möglich war. Mein Pass würde einige Kilometer drauf haben, bevor er ablief: Diese Reise war die erste von vielen und ich war sicher, dass ich vielen Menschen aus dem Land des Roten Drachens mit Kameras begegnen würde.

***

Am letzten Tag unserer Reise trennten Johnny und ich uns, weil er an einem Meeting mit einer Minengesellschaft teilnehmen wollte, in die er investiert hatte. Also hatte ich Peking ganz für mich. Ich machte eine kurze Tour zu den architektonischen Sehenswürdigkeiten, von denen viele vor zehn Jahren noch nicht existierten. Das Nationalstadion, oder »Vogelnest«, war die größte Stahlkonstruktion der Welt. Während das Vogelnest schon wegen der schieren Größe beeindruckte, zog ich doch den Galaxy-Soho-Komplex vor. Gebaut im Jahr 2012 von der bekannten Architektin Zaha Hadid, war es eine gigantische Mega-Mall aus Aluminium mit 37.000 Quadratmetern Raum für Geschäfte. Aus der Entfernung sah es aus wie ein futuristisches Alien-Raumschiff, etwas, das in anderen Teilen der Welt nur schwerlich genehmigt oder finanziert worden wäre.

Als ich durch das eingeweideähnliche Innere ging, wurde ich unweigerlich an die Chinesische Mauer erinnert. Es war eindeutig, dass die Chinesen eine einmalige Fähigkeit hatten, in großem Maßstab zu planen und die Bauwerke ihrer gigantischen Träume in die Realität umzusetzen. Sie haben die Fähigkeit, genau hier und jetzt zu bauen, ohne auf Probleme von NIMBY oder gar BANANA achten zu müssen. Optisch konnten sich die beiden Konstrukte kaum mehr unterscheiden – eines war ein riesiger Tempel des Konsums, der auf die Materialisierung der nächsten großen Konsumentengesellschaft wartete – das andere war ein von Menschen geschaffener Wall, den man aus dem All sehen konnte, gebaut als Verteidigung gegen plündernde Horden.

Aber in ihrem Kern waren sie beide in der Philosophie »zuerst gebaut« gegründet, eine Philosophie, die die Chinesen über Jahrhunderte betrieben hatten. Wie sich herausstellte, war die Chinesische Mauer eine großartige Idee gewesen. Sie erlaubte es dem Chinesischen Reich sich zu entwickeln und zu blühen, und ich hatte das Gefühl, als würde die Chinesische Mauer auch noch morgen eine ähnliche Funktion erfüllen.

Ich sah mich jetzt quasi als Experten für alles, was mit Emerging Markets und der neuen Käuferschicht zu tun hatte. Es war ein besonders schönes Gefühl, auf meinem Rückflug nach Seattle beim Boarding ein Upgrade in die Business Klasse bekommen zu haben. Neben mir saß ein gut gekleideter Geschäftsmann.

»Wie geht's?«, fragte ich.

»Müde. Eine weitere lange Reise für Meetings in nur achtundvierzig Stunden«, antwortete er missmutig.

»Waren Sie geschäftlich hier?«

»Ja. Ich komme alle zwei Monate hierher, aber immer nur für einen 48-Stunden-Sitzungsmarathon. Wie steht's mit Ihnen?«

»Ich war zu Recherchezwecken für meine finanzielle Seifenoper hier.«

»Sind Sie Schauspieler?«

»Nein, ich beschäftige mich mit den Finanzmärkten nur so, wie andere mit ›Days of our Lives‹, eine dieser täglichen Seifenopern, wissen Sie.«

»Oh cool. In welchen Bereichen sind Sie aktiv? Ich bin Investment Banker und in Clean Tech spezialisiert.«

»Also wissen Sie das ein oder andere zu Green Energy?«, sagte ich, und dachte sofort, dass dieser 14-Stunden Flug wie im selbigen vergehen würde.

»Ich weiß genug, um gefährlich zu sein.«

»Was ist Ihre Meinung zu Rohstoffen als der Dreh- und Angelpunkt für Green Energy?«

»Mein Freund, lassen Sie mich Ihnen sagen, das Wichtigste für Green Energy ist grünes Geld.«

»Wirklich?«

»Was glauben Sie, wie sie das Zeug machen? Mit dem guten alten Geld und einer brillanten Forschungs- und Entwicklungsabteilung.«

»Nun, wir haben ja ein wenig Zeit bis nach Seattle. Lassen Sie mich Ihnen über das grüne Metall erzählen...«

11

Das Erwachen

Der Mittwoch war jetzt anders. Er war immer noch mein Lieblingstag der Woche, aber aus einem ganz anderen Grund. Mein tägliches Ritual fing mit einer Runde Gartenarbeit an. Wo mal eine ungepflegte und vermooste Grasfläche gewesen war, da wuchsen jetzt Gemüse und Kräuter. Heute widmete ich mich besonders meinen Tomatenpflanzen, von denen ich viel erwartete.

Ich verschwendete meine Morgen nicht mehr mit der Parkplatzsuche für den Lincoln. Den war ich längst losgeworden. Ich hatte endlich mein Geld entsprechend meinen eigenen Ansichten ausgegeben und mich für den Kauf eines Elektroautos entschieden – eines BMW i3, um genau zu sein. Der war so ökologisch, wie ein Auto es sein konnte und das Raffinierteste, was meine Nachbarschaft je gesehen hatte.

Natürlich hatte ich vor einer Weile Solar-Module auf meiner Garage installieren lassen, was auch meinen CO_2-Fußabdruck beeinflusste. Es war ein feines Stück Ingenieurskunst und passte zu meiner kürzlich erlangte Bildung.

Das Auto hatte 450 Pfund an Batterien und keinen Stahl, weil es aus Kohlefaser und Aluminium gebaut war. Es hatte eine Reichweite von 160 Kilometern mit 20 KWh Ladekapazität. Die Solaranlage arbeitet mit 3,5 KWh bei vollem Sonnenlicht, sodass ich fünf oder sechs Stunden für einen vollen Ladevorgang brauchte. Da ich aber im meist bewölkten Pazifischen Nordwesten lebte, hatte ich mich entschieden, einen Schnelllader einzubauen, den ich ans Haus angeschlossen hatte. So konnte ich kommen und gehen, wie ich wollte, egal wie das Wetter war. Obwohl das Auto vollelektrisch war und ich die Solar-Option hatte, war dieser Schnelllader der größte Stromverbraucher in meinem Haus. Sie wollen nicht wissen, wie viel man für Auto, Batterien, Schnelllader und Verkabelung brauchte. Wenn ich darüber nachdachte war ich froh, dass ich Zugang zu Kupfer als Investment hatte.

»El Grande« gab es noch, aber ich war fast am Gipfel angekommen. Alles Elektronische war automatisiert und mit dem iPad und iPhone verbunden – Beleuchtung, Heizung, Musikanlage. Man suche sich was aus. Die Bäder waren noch halb fertig, aber die restlichen Arbeiten waren nur kosmetischer Natur, sodass mir das keine schlaflosen Nächte bereitete.

Nachdem ich mich um das Unkraut gekümmert hatte, ging ich statt in die Praxis in mein Home Office, öffnete den Laptop und fing an meine Newsletter zu lesen, von denen zwei schon eingegangen sein konnten, wenn ich mir die erste Tasse Kaffee einschenkte. Nach meiner Rückkehr aus China war meine erste geschäftliche Handlung gewesen, einen Arzt zu finden, der mit mir die Praxis teilen würde. Das war eine wichtige Entscheidung für mich, die Chinareise hatte den Ausschlag gegeben. Ich wollte nicht so ein verstaubter Allgemeinmediziner werden, der bis weit in die 70er würde arbeiten müssen. Und wenn ich ein Teilnehmer, ein waschechter antizyklischer Investor werden wollte, wusste ich – ich benötigte mehr freie Zeit –, um mich um meine finanziellen Seifenopern zu kümmern.

Zum Glück fand ich einen jungen Arzt mit Namen Vijay, der gerade fertig geworden war, und ich nahm ihn an Bord. Er hatte ein ruhiges und angenehmes Wesen und, was am wichtigsten war, er war durch und durch Mariners-Fan. Es hat direkt gepasst, sodass ich mich wohl fühlte dabei, ihm für die halbe Woche die Verantwortung zu überlassen.

Es war auch praktisch, das Vijay in Mumbai, Indien aufgewachsen ist. Indien war mein nächstes großes Projekt, als ich das Potenzial des anderen Endes von CHINDIA analysierte. China hatte mir die Augen geöffnet. Aber zu unserer schnell wachsenden Welt gehörten auch Indien, Thailand, Indonesien und der ganze afrikanische Kontinent. Mir lief schon das Wasser im Mund zusammen, wenn ich darüber nachdachte, wie sich die Seiten meines Passes mit Einreisestempeln füllten. Vijay würde mich durch Indien führen und den Rest würde ich unterwegs herausfinden.

Meine zweite geschäftliche Aktion, nachdem ich zurückgekommen, war die: Ich kündigte mein Online-Brokerkonto und suchte mir einen Vollservice Aktienhändler, der Experte war für alles, was die neue Käuferschicht kaufen wollte. Auf Johnnys Rat hin unternahm ich eine kurze Reise nach Vancouver und traf mich mit einem guten Freund von ihm, der gute Kontakte und einen ordentlichen Ruf hatte. Jeder nannte ihn den »Birdman«. Warum weiß ich immer noch nicht genau, aber vielleicht wegen seiner eulenhaften Weisheit.

Das erste, was wir taten, nachdem wir meine Investment-Ziele besprochen hatten: Wir strukturierten nur einen kleinen Teil meines Portfolios in Richtung »höheres Risiko« um. Ich hatte immer noch Microsoft und Coca Cola. Aber anstatt 8 % mit meinem gesamten Kapital nachzujagen, ging ich dazu über, einen kleinen Teil des verfügbaren Vermögens in Aktien zu investieren, die für meine finanziellen Seifenopern standen: Der Aufstieg der Menschheit natürlich und das, was mir das Wichtigste war – die Begrünung unseres Planeten mit Kupfer.

Über ein paar gute Ideen und die schnelle Ausführung hinaus hatte mein Zugang zu Privat Placements und zu Börsengängen mit Ausgabe neuer, exklusiver Aktien, den ich durch die Birdman-Verbindung bekommen hatte, einen zusätzlichen Vorteil. Auf diese Weise zu investieren bot mir die Möglichkeit, den Kauf weiterer Anteile für die Zukunft zu sichern – was hieß, dass ich, der Investor, das Recht aber nicht die Verpflichtung hatte, weitere Aktien zwei, drei oder mehr Jahre später nahe der Einstandspreise zu kaufen. Das war die ultimative Call Option, die mir mein Onlinebroker so nie hätte bieten können. Und ich hatte obendrein noch Zugang zu den besten und hellsten Köpfen der Recherche-Abteilungen.

Was die Auswahl der Masterthemen anging, lehrte mich die Reise eine unangreifbare Wahrheit: Nichts würde China stoppen, die weltgrößte Konsumentengesellschaft zu werden. Der Bauer, der Fabrikarbeiter wurde, würde bald der Käufer sein und dieser Prozess würde sich überall auf der Welt wiederholen bei den nächsten fünfhundert oder gar tausend Millionen Menschen. Sie alle wollen am gleichen simplen wirtschaftlichen Prozess teilnehmen, der es mir erlaubte, so ein großartiges Leben zu führen. All diese Menschen wollten und verdienten die gleichen Dinge wie wir Amerikaner. Und es gab keine Armee, keine Regierung und keine religiöse Macht, die sie aufhalten würde.

Und genau auf die Sekunde öffnete sich die Haustüre und Johnny trat ein. Jetzt kam mein liebster Teil der Mittwochsroutine: unser wöchentliches Briefing.

»Ok Doc, Sie sagten, Sie haben einen heißen Tipp für mich heute. Der sollte besser gut sein«, sagte er, während er sich eine Tasse Kaffee einschenkte.

»Ich wollte es erst per E-Mail schicken, aber dann dachte ich mir, ich könnte es Ihnen auch aufschreiben.«

»Noch ein Recherche-Report, den es zu sezieren gilt?«

»Noch besser. Ich habe mich entschieden, meinen Kindern eine Ausbildung zukommen zu lassen, die ihnen auch von Nutzen ist. Ich habe mir Doktor Kupfers zehn Dinge, die jeder Investor wissen sollte, ausgedacht.«

»Sie schreiben sie auf? Vielleicht sollten wir sie einrahmen und neben die Top Fünf hängen, die mein Leben verändert haben?«

»Das ist eine großartige Idee. Ich wollte sie auch in mein Büro hängen. Nummer eins, was nix kostet, is nix. Nummer zwei, besorg Dir einen Pass. Nummer drei, je grüner und sauberer wir Energie gewinnen...«

»Desto mehr Nachfrage nach Kupfer bekommen wir. Das ist mein Satz, Doc.«

Über das Titelbild

Zum Abschluss von *Mein Elektriker fährt einen Porsche?* komme ich nicht umhin, ein paar Worte zur Gestaltung des Titelbilds zu verlieren. Es wurde von meinem Freund und Künstler Graeme Berglund gestaltet und dürfte bei der Betrachtung Anlass zu einige Gedanken und Ideen geben.

Zum Ersten, was hat der Titel eines Sportwagen fahrenden Elektrikers mit einem amerikanischen Penny zu tun, der auf die Landkarte von China aufgebracht wurde? Die direkte Antwort für diejenigen, die schummeln und das Buch nicht vorher lesen wollen: Der unmittelbare Zusammenhang zwischen Chinas zügelloser Urbanisierung und seinem unstillbaren weltweiten Hunger nach Rohstoffen, insbesondere Industriemetalle und speziell Kupfer.

Darüber hinaus jedoch erkennt man einen weiteren Hinweis in dem Text, der auf das berühmte amerikanische Wahrzeichen geprägt ist, »In God We Trust«, ebenso wie das Wort »Liberty«. Beide haben wir bewusst re-arrangiert in »Liberty In Rust«, was dem Titel von Graemes Original Kunstwerk entspricht.

Für den größten Teil des 20. Jahrhunderts, als die USA jenseits von 4% des Bruttoinlandsprodukts in die eigene Infrastruktur investierte, wuchs die Wirtschaft im Gegenzug in robuster Manier und machte das Land in jeder wirtschaftlichen Kategorie führend. In den letzten Jahren ist diese Investitionsquote auf 2% und weniger zurückgegangen, während man sich zugleich in teure Kriege und die Bewältigung von Krisen mit unbekanntem Ausgang begeben hat.

Über das Titelbild

In Asien und anderen Teilen der Welt liegen die Investitionen in die Bausteine der jeweiligen Wirtschaft bei 8%, 9% oder mehr des Bruttoinlandsprodukts und wir sind Zeugen der Auswirkungen dieses atemberaubenden Wachstums geworden. Ein aktueller Kritikpunkt ist dabei, dass dies zu einer zu schnellen Entwicklung geführt habe, besonders im chinesischen Immobilienmarkt. Wird so ein schmerzliches Überangebot eintreten und zu einer nachhaltigen Verschleppung der zukünftigen Nachfrage auch bei Rohstoffen führen?

Das führt uns zurück zu dem Bild auf dem Titelblatt, das die Teilnehmer am menschlichen Fortschritt symbolisiert und all das, was das möglich macht. Wenn Menschen, ob im Westen oder im Osten, die Welt nicht ausgiebig bereist haben, können sie keinen ausgewogenen Eindruck davon gewinnen, wo wir heute in der Welt stehen. Wenn man sagt, dass Amerikas Infrastruktur im wahrsten Sinne des Wortes hinwegrostet mit traurigen Billionen von Dollar Verschuldung – mit China als größtem Gläubiger – während China selbst fortfährt in seine scheinbar unaufhaltsame Urbanisierung zu investieren, dann ist das nur eine einfache und faire Darstellung der Fakten.

Aber hier kommt die gute Nachricht. Das großartigste Beispiel für unvoreingenommenes Wohlstandswachstum der Geschichte ist die amerikanische Erfahrung selbst. Und mit dieser Ausnahmequalität befähigt sie sich selbst zur Neuerfindung. Im Scherz fragte ich ein Mathegenie, was der Wert der USA sei, will heißen der Wert von allen Straßen, Brücken, Gebäuden, des gesamten Landes. Ein paar Wochen später bekam ich die Antwort, zweihundert Billionen Dollar!

Selbst der eisernste Skeptiker kann das Ausmaß des wirtschaftlichen Potenzials von unzähligen Milliarden Menschen nicht bestreiten, die immer noch davon träumen, nach Amerika zu kommen oder ins städtische China oder irgendwelche städtischen Gegenden auf der Welt, um ihr Glück zu suchen und zu machen. Wenn das Titelblatt dieses Buches dem Leser nur einen Mehrwert schenken kann, dann soll es das Streben nach Freiheit an sich sein. So können all die Dinge, die Freiheit repräsentiert niemals rosten, solange es irgendwo irgendjemand gibt, der von einer besseren Zukunft träumt.

Viel Glück!

Gianni Kovačević

Excerpt from the speech
»Citizenship In A Republic«

It is not the critic who counts;
not the man who points out how the strong man stumbles,
or where the doer of deeds could have done them better.
The credit belongs to the man who is actually in the arena,
whose face is marred by dust and sweat and blood;
who strives valiantly; who errs, who comes short again and again,
because there is no effort without error and shortcoming;
but who does actually strive to do the deeds;
who knows great enthusiasms, the great devotions;
who spends himself in a worthy cause;
who at the best knows in the end the triumph of high achievement,
and who at the worst, if he fails, at least fails while daring greatly,
so that his place shall never be with those cold and timid souls
who neither know victory nor defeat.

Delivered by Teddy Roosevelt at the Sorbonne, in Paris, France
April 23, 1910

»... *you know like a dream like this seems kind of vaguely ludicrous and completely unattainable. But this moment is directly connected to those childhood imaginings. And for anybody who's on the downside of advantage and relying purely on courage: It's possible.*«

Russell Crowe at The 73rd Annual Academy Awards

ÜBER DEN AUTOR

Gianni Kovačević beschäftigt sich seit über fünfzehn Jahren intensiv mit Investments im Bereich Rohstoffe und den Themen Emerging Markets, China und realistischem Umweltschutz. Er ist ein gefragter Redner und lebt hauptsächlich in Vancouver/Kanada, verbringt aber auch viel Zeit in Europa. Kovačević spricht fließend Englisch, Deutsch, Italienisch und Kroatisch.

Rich Dad Poor Dad

Robert Kiyosaki

Warum bleiben die Reichen reich und die Armen arm? Weil die Reichen ihren Kindern beibringen, wie sie mit Geld umgehen müssen, und die anderen nicht! Die meisten Angestellten verbringen im Laufe ihrer Ausbildung lieber Jahr um Jahr in Schule und Universität, wo sie nichts über Geld lernen, statt selbst erfolgreich zu werden.

Robert T. Kiyosaki hatte in seiner Jugend einen »Rich Dad« und einen »Poor Dad«. Nachdem er die Ratschläge des Ersteren beherzigt hatte, konnte er sich mit 47 zur Ruhe setzen. Er hatte gelernt, Geld für sich arbeiten zu lassen, statt andersherum. In *Rich Dad Poor Dad* teilt er sein Wissen und zeigt, wie jeder erfolgreich sein kann.

240 Seiten I Broschur I 14,99 € (D) I ISBN 978-3-89879-882-2

Die Value-Investor-Ausbildung

Guy Spier

Wer träumt nicht davon, einmal ein weltweit erfolgreicher Investor zu werden? Guy Spier hat es geschafft. Sein Abendessen mit Warren Buffett für 650 100 US-Dollar ist nur einer der vielen Höhepunkte einer langen Suche nach den erfolgreichsten Methoden des Value-Investierens. Doch wie wird man ein wertorientierter Investor à la Warren Buffett?

Die Value-Investor-Ausbildung begleitet Guy Spier auf seinem Werdegang von einem Möchtegern-Gordon-Gekko hin zu einem erfolgreichen Value-Investor. Er gibt praktische Tipps, wie Anleger bessere Investment-Entscheidungen treffen, und zeigt, wie er aus teuren Fehlern gelernt hat und wie jeder seinen eigenen Weg gehen kann.

240 Seiten I Hardcover I 24,99€ (D) I ISBN 978-3-89879-901-0

Holt unser Gold heim

Peter Boehringer

Seit über 60 Jahren lagert das deutsche Staatsgold im Ausland. Dieses Buch ist das dokumentarische Werk zur bis vor Kurzem fast völlig intransparenten Geschichte dieses Goldes. Es ist das persönliche Kampagnentagebuch von Peter Boehringer, dem Initiator der Bürgerinitiative »Holt unser Gold heim!«. Und es ist auch seine zukunftsgerichtet notwendige Kampfschrift für die dringend erforderliche Heimholung des Staatsgolds.

Minutiös zeichnet das Buch aus der Insider-Perspektive Boehringers fünfjährigen harten Kampf ums Staatsgold nach, der seit 2011 einem realen Kriminalfall gleicht und der nach Jahrzehnten des Mauerns der Gold haltenden Zentralbanken endlich den entscheidenden erfolgreichen Präzedenzfall setzte: Die deutsche Heimholungsbewegung löste inzwischen weltweit mehr als ein Dutzend nationaler Bewegungen zur Gold-Transparenz und »Repatriation« aus, die im Buch in einer exklusiven Zusammenstellung erstmals alle dargestellt werden.

432 Seiten I Hardcover I 19,99€ (D) I ISBN 978-3-89879-915-7

Wenn Sie **Interesse** an **unseren Büchern** haben,

z. B. als Geschenk für Ihre Kundenbindungsprojekte, fordern Sie unsere attraktiven Sonderkonditionen an.

Weitere Informationen erhalten Sie bei unserem Vertriebsteam unter +49 89 651285-154

oder schreiben Sie uns per E-Mail an:
vertrieb@finanzbuchverlag.de

FinanzBuch Verlag